网络文明 福润八闽

本书编委会 编

海峡出版发行集团 | 海峡文艺出版社

《网络文明 福润八闽》编委会

总策划

张 彦

主 任

张 远

副主任

黄逸群　杨晓冬　刘建斌　李 琦

委 员

袁俊华　温云荣　刘相骏　张朝辉　黄书锭　黄 凌　陈建云
阮巍伟　余 华　魏胜良　朱晓春　庞健安　陈 峰

编撰小组（以姓氏笔画为序）

连水兴　张朝辉　张小菁　陈经伟　林 滨　袁俊华　柴云超
黄 凌　赖可立　魏胜良

前　言

随着信息技术的飞速发展和移动网络终端的全面普及，互联网已经深刻融入当前中国的经济社会发展和人民生产生活中，成为不可或缺的数字基础设施。网络文明是伴随互联网发展而产生的新的文明形态，是现代社会文明进步的重要标志。党的十八大以来，以习近平同志为核心的党中央高度重视网络文明建设，党的十九届五中全会作出了"加强网络文明建设，发展积极健康的网络文化"的重要部署；2021年9月，中共中央办公厅、国务院办公厅印发《关于加强网络文明建设的意见》，进一步明确了网络文明建设的指导思想、工作目标、主要任务、保障措施，为我们加强网络文明建设指明了方向。

福建是习近平新时代中国特色社会主义思想重要孕育地和实践地，也是数字中国建设和全国群众性精神文明创建活动的重要发源地。近年来，福建省深入学习习近平新时代中国特色社会主义思想特别是习近平总书记关于网络强国的重要思想，全面贯彻习近平总书记关于加强文化建设和网络文明建设的重要讲话重要指示精神，认真落实《关于加强网络文明建设的意见》，结合本土地域特色和文化优势，持续打造网络文明的"福"品牌，网络文明建设不断展现新风貌。2023年7月，中国网络文明大会于福建厦门隆重举办，为全面展现福建省网络文明建设取得的新成果，在省领导的亲自指导下，福建省委宣传部、省委网信办、省委文明办联合编写出版本书。相关工作也得到省委网信委成员单位和福建省习近平新时代中国特色社会主义思想研究中心相关专家的支持。全书理论与实践相结合，巡礼式回顾福建网络文明建设工作所取得的成就，展现近年全省各地在实践探索网络文明建设过程中形成的各具特色的工作思路和方法，内容丰富，图文并茂，是广大读者深入了解福建网络文明建设成果的鲜活读本。由于学识所限，且编撰时间较短，书中难免疏漏，敬请读者批评指正。

本书编委会
2023年7月

目 录

上篇　新时代福建网络文明建设

一　网络文明：概念辨析与内涵阐释　3

（一）网络文明的科学内涵　4
（二）网络文明建设的基本路径　6
（三）网络文明建设的时代价值与启示　10

二　守正创新：网络文明的福建实践与探索　14

（一）创新机制着力基层，强化网络空间思想引领　14
（二）彰显闽派文化魅力，丰富网络内容产品供给　17
（三）提升网络文明素养，弘扬向上向善网络风尚　21
（四）构建综合治理体系，营造天朗气清网络生态　23
（五）推动数字高效赋能，共享网络文明发展成果　25

下篇　福建网络文明建设案例与成果

一　理论武装占领新阵地　29

（一）马克思主义在网络意识形态领域指导地位进一步巩固　31

1. "把青春华章写在祖国大地上"大思政课网络主题宣传和互动引导活动　31
2. "福师大小葵"网络思政教育品牌　36
3. 集美大学融媒体绘制网络育人"五线谱"　41
4. 福建信息职业技术学院"树小叶"网络文化品牌　45
5. 四三九九网络股份有限公司党建引领促发展　48
6. 美图网科技有限公司打造"四美"党建品牌　51
7. 南平市青年数字经济创业园"e路同心"党建品牌　54

（二）习近平新时代中国特色社会主义思想的宣传阐释进一步入脑入心　56

1. 习近平新时代中国特色社会主义思想网上宣传引导出新出彩　56
2. "学习大军"：滴水穿石，唱响新时代强音　61

（三）人民团结奋斗的共同思想基础进一步巩固　　67
1. 龙岩市"双百"网上主题宣传活动　　67
2. 网上联合推送机制　　70

二 文化培育取得新成效　　74

（一）社会主义核心价值观深入人心　　76
福州"爱心茶摊·致敬高温下的你"网络文明实践活动　　76

（二）网络文化产品创作生产更加活跃繁荣　　81
1. "网络名人看武夷"活动　　81
2. "印象泉州"网络文化展播活动　　85
3. 泰宁县"福"文化网络传播活动　　89
4. "喜迎二十大·云端 e 见漳州"系列慢直播活动　　92
5. "山海交响·魅力宁德"系列网络主题宣传活动　　95
6.《老外看平潭》品牌栏目　　99

（三）人民群众网上精神文化生活日益健康丰富　　102
1. 福建网络文化节活动百花齐放　　102
2.《闽言网语》短视频新闻评论栏目　　108
3.《书香声自远》融媒体读书分享节目　　112
4. 福州"相约九日台"周末音乐会　　116
5. 南平"大话熹游"数字 IP　　118

三 道德建设迈出新步伐 　　125

（一）网民思想道德素质明显提高　　127
　　福州"橙丝带行动"　　127

（二）网络诚信体系更加健全，向上向善、诚信互助的网络风尚更加浓厚　　131
　　1. "母亲健康1+1"救助罹患"两癌"困难妇女公益项目　　131
　　2. 泉州德化"憨鼠爱心小分队"网络公益活动　　134
　　3. 莆田"互联网+公益助农"行动　　139
　　4. 漳州数字"印漳"赋能乡村振兴网络公益帮扶项目　　142
　　5. 三明"网聚正能量"公益行动　　145
　　6. 龙岩"红古田"网络扶贫公益行动　　147

四 文明素养得到新提高　　151

（一）网络文明规范体系初步建立　　153
　　1. 莆田网信工作六步走　　153
　　2. 人行福州中心支行"网络有边界·文明来守护"主题活动　　158

（二）青少年网民网络素养不断提升　　160
　　1. 厦门市青少年网络文明素养大赛　　160
　　2. 福州"一老一少"数字素养大赛　　165
　　3. 青春正能量——新时代青年学生网络文明素养提升论坛　　172

（三）网络平台主体责任和行业自律有效落实 … 173
1. 福建网信系统强化网格执法 … 173
2. 福建省网信领域各行业协会加强行业自律 … 175

五 治理效能实现新提升 … 181

（一）网络综合治理体系更加完善，网络传播秩序持续规范，网络生态日益向好 … 183
1. "清朗"系列专项活动 … 183
2. "百家网络媒体进万家"网络安全宣传活动 … 186
3. 福建省互联网举报辟谣平台 … 189
4. "厦门朝阳群众"举报平台 … 192
5. 泉州创新网络执法联动模式 … 195
6. 莆田网络生态治理案例 … 198

（二）网络空间法治化深入推进，网络违法犯罪打击防范治理能力持续提升 … 200
1. 福建公安推进依法治网，强化网络执法 … 200
2. "净网"专项行动 … 205

六 创建活动开创新局面 … 209

（一）群众性精神文明创建活动向网上有效延伸 … 211
1. "志愿服务+互联网"营造向上向善网络风尚 … 211
2. 泉州市泉港区孝文化节 … 214

3. 南平"新政和人"评选活动　　219

（二）网络文明品牌活动广泛开展　　221

1. 福建省"十大网络文化品牌"评选活动　　221

2. 福建省"十大网络公益项目"评选活动　　224

3. 2022年度十大"福建好网民"评选活动　　226

网络文明 福润八闽

上篇
新时代
福建网络文明建设

一、网络文明：概念辨析与内涵阐释

纵览人类文明发展历程，从原始文明、农耕文明，再到近代的工业文明，每次文明的演进更替都意味着生产力的颠覆式飞跃、社会整体的结构性重组和思想文化的革命性进步。自互联网诞生到普及，直至今天的日新月异，人类文明形态历史性地进入一个全新领域的建构——网络文明。

网络文明是伴随互联网发展而产生的新的文明形态，是现代社会文明进步的重要标志。近20年来，中国互联网综合发展水平已跃升至世界第二，伴随着信息化、数字化、网络化、智能化的飞速发展，互联网已全面渗透到经济社会发展的每一个领域。来自中国互联网络信息中心（CNNIC）第51次《中国互联网络发展状况统计报告》显示，截至2022年12月，我国网民规模达10.67亿，较2021年12月增长3549万，互联网普及率达75.6%[1]。面对互联网信息技术高速发展带来的巨大机遇和挑战，习近平总书记高瞻远

---

〔1〕中国互联网络信息中心.第51次《中国互联网络发展状况统计报告》[EB/OL].(2023-03-02)[2023-6-20]. https://www.cnnic.net.cn/n4/2023/0303/c88-10757.html.

瞩，着眼国家未来发展提出了网络强国战略。网络文明建设作为网络强国战略的重要内容，是顺应信息时代潮流、提高社会文明程度的必然要求，是坚持以人民为中心、满足亿万网民对美好生活向往的迫切需要，是加快建设网络强国、全面建设社会主义现代化国家的重要任务。

建设新时代的网络文明，需要对"网络文明"的基本概念与内涵进行深入梳理和阐释，以此推进网络文明理论研究，更切实地指导当下的网络文明实践。

（一）网络文明的科学内涵

"文明"，在《中国大百科全书》中被解释为"人类改造世界的物质和精神成果的总和，社会进步和人类开化的标志"[1]。由此可见，"文明"作为一种总体性的概念范畴，涵盖了人类生活的方方面面。人类作为文明孕育与发展的主体，通过改造生活世界得以确立社会性的生存方式，从而发展出稳定持久的物质与精神成果。在此意义上，"文明"的产生是一项人类对自然采取的主动实践。同时，"文明"又是一种发展的、积极的高级形态，不同"文明"的兴衰演进，深刻影响了人类社会发展进程，个体也通过其不断追求人的全面发展。互联网使现代"文明"具有更高级的形态，这一方面对网络社会秩序建构提出更高的要求，另一方面，也意味着对个体在精神层面有

---

[1] 姜椿芳，梅益. 中国大百科全书·社会学. 北京：中国大百科全书出版社，1991:419.

更高的期许、在道德上有更高的规范，从而建立被广泛认同的网络文明价值体系和秩序空间。

"文明"不等同于"文化"。就词性而言，文化既有优秀的精华，也有需要扬弃的糟粕；而文明则是指一种更先进的人类文化成果与社会形态。因此，就其范畴而言，文明是在优秀文化中孕育而出的成果，网络文明作为一种全新的社会形态，为我们重新思考"文明"的内涵和价值提供了一种全新的历史环境，也提出了既充满各种挑战、也孕育无限生机的时代课题。

在"网络文明"一词中，"网络"是用以修饰"文明"的前缀，"网络文明"的科学内涵需要在明晰"文明"积极意蕴的基础上，考察"网络"的技术本质。互联网的信息传播具有虚拟性、瞬时性、可复制性等特点，这些特点将网络文明的形态导向多元交往、万物互联的未来图景。网络世界作为现实世界的"数字孪生"（Digital Twin），既有与现实世界共通的规范准则，也有其自身整体系统化运行的逻辑特性，辩证地看待这种"虚拟/现实"的融合与差异，便需要将其代入信息化大潮的时代语境，扎根在人机共生、和谐之善的广泛应用场景中。"网络建构了我们社会的新社会形态，而网络化逻辑的扩散实质地改变了生产、经验、权力与文化过程中的操作的结果。"[1] 从广泛应用于智能家居、智能农业和智能工厂等场景的物联网，到建立数字货币体系、重塑未来金融生态的区块链技术；从拥有自主学习、智能决策和自然语言处理能力的人工智能，

---

[1] 曼纽尔·斯特. 网络社会的崛起[M]. 译者：夏铸九等. 北京：社会科学文献出版社. 2003:567.

到搜集、清洗、转化互联网上海量实时信息的大数据与云计算技术，人类社会经由网络技术，正颠覆以往的认知经验、行为模式甚至社会形态。因此，互联网的出现绝不仅仅只是技术的迭代升级，而是从根本上对整个社会产生影响，进而改变人类社会的文明形态。

综上，网络文明与信息时代相伴而生，集中反映了互联网发展、治理、运用中形成的文明成果。作为基于互联网产生的新文明形态，网络文明是现代社会文明进步的重要体现。其显著特征是以网络作为传播渠道，以向上向善的导向作为价值尺度，以法规与道德作为行为准则，以数据与技术作为底层逻辑。可以说，网络文明是人类在网络时代的一种进步状态与物质、精神成果的综合展现。

（二）网络文明建设的基本路径

党的十八大以来，以习近平同志为核心的党中央高度重视网络文明建设，党的十九届五中全会对加强网络文明建设作出明确部署，中央制定实施《关于加强网络文明建设的意见》，成功举办首届中国网络文明大会，各地区各部门结合实际进行了积极探索和实践，网络文明建设取得明显成效。

"要坚持发展和治理相统一、网上和网下相融合，广泛汇聚向上向善力量。各级党委和政府要担当责任，网络平台、社会组织、广大网民等要发挥积极作用，共同推进文明办网、文明用网、文明上网，以时代新风塑造和净化网络空间，共建网上美好精神家园。"习近平总书记在致首届中国网络文明大会的贺信中的重要指示，深刻回答了加强新时代网络文明建设的重大理论和实践问题，为我们指明了前进方向、提供了根本遵循。

其中,"三个文明"标示了网络文明的多主体性,即政府、组织、个体这三个层次的主体在参与网络文明建设过程中,要把握好办网、用网、上网的价值尺度。"文明办网",指各地各相关部门要切实打造好的网络通信基础设施,综合治理好网络生态,服务好人民群众的用网、上网需求。"文明用网"涵盖了网民在互联网上的权利与责任,包含使用、监督与自律等。"文明上网",关乎网络内容建设、网络行为规范、网络素养培育等等。

持续推进网络文明建设,必须坚持以习近平新时代中国特色社会主义思想为指导,贯彻落实习近平总书记关于网络强国的重要思想和关于精神文明建设的重要论述,在此基础上,在具体实施中,从加强网络空间的思想引领、文化培育、道德建设、行为规范、生态治理、文明创建等方面,统筹推进全方位的网络文明建设工作。

以习近平新时代中国特色社会主义思想举旗铸魂。网络文明建设首重思想引领。习近平总书记指出:"互联网是当前宣传思想工作的主阵地。这个阵地我们不去占领,人家就会去占领;这部分人我们不去团结,人家就会去拉拢。"[1]当前,互联网高速发展,在提供高效、便利的信息获取渠道的同时,也带来意识形态领域的新挑战,各种观念、思潮充斥网络,其中不乏暗流涌动,要充分认识到加强网上舆论引领的重要性,坚持以习近平新时代中国特色社会主义思想统领互联网内容建设,牢牢把握正确政治方向、舆论导

---

[1] 习近平. 习近平谈治国理政(第二卷)[M]. 北京:外文出版社,2017:325.

向、价值取向。要发挥网络传播优势，通过建强网上理论阵地、加大重大主题网上宣传和引导，持续创新网络传播的话语体系、传播语态、表现形式、组织方式，推动理论武装走深走实走心，让党的创新理论通过互联网"飞入寻常百姓家"，进一步筑牢理论武装新阵地，巩固全党全国人民团结奋斗的共同思想基础。

以社会主义核心价值观培育积极健康的网络文化。 社会主义核心价值观是凝聚人心、汇聚民力的强大力量，它根植于中华优秀传统文化的沃土，是中华民族的文化积淀和思想结晶，体现的是文化自觉与自信。培育积极健康、向上向善的网络文化，要坚持以社会主义核心价值观引领网络文化，让主旋律与正能量充盈网络空间，不断增强广大网民特别是青少年网民对社会主义核心价值观的认同感。通过深入开展党史教育网上宣传活动，弘扬党和人民在百年奋斗中形成的伟大精神；通过推动中华优秀传统文化创造性转化、创新性发展，赋予传统文化以时代生命力；通过凝聚新闻网站、商业平台的传播合力，培育网络文化新风尚；通过引导创作生产优质网络文化产品、举办丰富多彩的网络文化活动，不断丰富人民群众网上精神文化生活。

以网上道德示范引领网络空间道德建设。 崇德向善是中华民族的优良传统，也是网络文明建设的基本价值追求和重要行为准则。中华文明源远流长，坚持立德树人，推进美德教育，实现"德法共治"，是中国人关于社会秩序的美好想象。而借助互联网的渠道优势，势必有力增强榜样模范事迹的传播力、影响力与凝聚力，促进社会良好风尚进一步形成。通过强化网上道德示范引领，广泛开展劳动模范、时代楷模、道德模范、最美人物、身边好人等典型案例和事迹网上宣传活动，充分发挥先模人物的导向、激励作用；通过深化网络诚信建设，大力传播诚信文化，营造依法办网、诚信用网的良好氛围；通过开展形式多样的网络文明志愿服务和网络公益活动，深化拓展"互联网＋公益"新模式，推动形成崇德向善、见贤思齐的网络环境。

以完善规范提升素养建构网络空间行为秩序。网络空间是亿万民众共同的精神家园，其秩序也需要网民的共同遵守和维护。为网络行为制定规则，也将反过来形塑个体在现实生活中的日常行为规范。要鼓励各地区各部门因地制宜，结合文明创建工作制定出台符合自身特点的网络文明准则，把网络文明建设的新要求、新准则融入行业管理规范，不断完善。通过重点提升青少年网络素养，引导青少年网民形成良好的安全意识、健康的用网习惯、必备的防护技能，健全防范青少年网络沉迷工作机制，坚决打击和制止网络欺凌，保护青少年在网络空间的合法权益；通过压实平台主体责任，强化互联网行业自律，完善行业公约和开展社会评议等方式，广泛凝聚社会共识和行业力量，共建文明有序的网络空间。

以综合治网管网强化网络空间生态治理。网络空间不是"法外之地"。建设天朗气清、生态良好的网络空间，是广大网民的共同期待。通过加快建立健全网络综合治理体系，统筹推进系统治理、依法治理、综合治理、源头治理，进一步规范网上内容生产、信息发布与传播全流程，深入推进"清朗"专项行动，深化打击网络违法犯罪，建设网络辟谣联动机制。同时，广泛开展网络普法宣传，健全网络不文明现象投诉举报机制，发动广大网民积极参与监督，激浊扬清、扶正祛邪，推动网络空间共治共享。

以多元主体广泛参与共促网络空间文明创建。要建立党委统一领导、党政齐抓共管、有关部门各负其责、全社会积极参与的网络文明创建机制。充分发挥各级融媒体与新时代文明实践中心作用，推动群众性精神文明创建活动向网上、向基层延伸。充分发挥基层积极性主动性创造性，精心组织实施网络文明品牌活动、积极打造网络文明宣介平台、深入实施中国正能量"五个一百"网络精品征集评选展播工程、争做中国好网民工程，持续开展"网络中国节"等活动。通过互联网，最广泛地动员社会各方力量参与建构文明网络空间，在组织形态、机制、方法、渠道、载体等方面持续推陈出新，不断深化文明创建成果，构建网上网下同心圆。

（三）网络文明建设的时代价值与启示

互联网的出现催生了人类生产方式发生根本性的变革，不论是数字经济的转型与兴起，还是网络科技的广泛运用，都建立在数据支撑、融合创新与开放共享的基础上，并重塑了全社会产业新生态，人类生产方式也具有了新的特征，比如进行远距离的分工协作、大规模的资源调度、知识和信息的实时获取等，人类文明也由此具备了全新的基础。随之而来，人类的生存空间被分出线上的网络空间与线下的现实空间两种状态，作为自然人的个体正面临成为数字人的转向，网络空间已经成为信息时代人类不可或缺的新生存空间。由此，网络空间文明建设在中国文明发展的进程中，其时代价值愈加凸显。中国网络文明建设根植于最生动的中国实践之中，其探索与成效也为世界网络文明发展提供了借鉴与思考。

紧扣战略发展目标，助力中华民族伟大复兴。 实现中华民族伟大复兴，需要实现物质文明大发展之上的精神文明的大发展。而站在民族复兴的高度，网络文明的繁荣发展已成为赓续中华文明的先进力量和重要组成。中国网络文明建设是中国式现代化的宏伟蓝图的重要拼图，也是新时代背景下全面建设社会主义现代化国家、实现第二个百年奋斗目标的"坚强思想保证、强大精神动力、有力舆论支持、良好文化条件"[1]。没有先进思想的引领，没有人民精神世界的极大丰富，就没有民族精神力量的不断增强进而复兴。从国家战略目标出发，加强网络文明建设，坚持以习近平新时代中国特色社会主义思想引领网络内容建设，用社会主义核心价值观培根铸魂，不断提升全社会网络文明素养，强化网络空间综合治理，将有助于巩固全党全国人民团结奋斗的共同思想基础，有力推动民族文化自信、增强民族凝聚力和向心力。同时，网络文明建设依托于坚实的物质基础之上，厚植中国式现代化的现实土壤，对于推动新时代、新征程的网络强国建设，推动物质文明与精神文明全面发展具有重要价值和意义。

推动文化创新创造，建构数字传播新图景。 文化，是一个国家软实力的象征。打造积极健康的网络文化，是建设文化强国的题中应有之义。今天，互联网从物质层面、精神层面极大地丰富了社会文化形态，基于互联网技术而广泛发展的网络文化，赋能文化创新与文化传播，成为文化强国建设的"最大增量"。面对纷繁的网

---

[1] 庄荣文.加强网络文明建设 共筑美好精神家园[EB/OL].学习时报,2021-11-01[2023-06-23].https://www.gov.cn/xinwen/2021-11/01/content_5648274.htm

络信息，引领网络文化建设方向至关重要。在近年媒体融合的探索中，我们打造了一批思想性、互动性、贴近性、用户黏性较强的主流网络平台和新兴媒体，建立了丰富的"正能量稿池"，互联网成为弘扬和传播主流价值观的坚实阵地，通过不断创新网络文化产品的内容和形态，推动中华传统文化的"双创"发展；通过创新话语体系，创作更多青年网民喜爱的健康向上的融媒体文化产品，凝聚网络文化未来发展的青春力量。当前，网络文化已形成极具发展前景的文化业态，正构建着网络时代新的传播图景。数字化媒体的普及打破了文化创新创造的门槛，使广大网民能够随时随地生产海量网络内容，可视化、多模态的呈现形式让文化内容更加生动直观；数字社交平台的交互性和开放性激发了用户的参与热情，培养了新的文化社群和生态；视频、网络直播等新媒介互动方式打破了作者、作品与受众之间的区隔，生产者、传播者合而为一，共同构成网络文化的组成部分。

矢志以人民为中心，科技赋能民生福祉。 习近平总书记多次指出："网信事业要发展，必须贯彻以人民为中心的发展思想。"[1]网络文明建设，贯穿始终的价值底色和根本逻辑，是坚持"以人民为中心"的发展思想，是坚持"让亿万人民在共享互联网发展成果上有更多获得感"。让人民有更多获得感，必须发展互联网、繁荣互联网、用好互联网、管好互联网，这一切，都须以科技发展为基础。互联网作为当代人类文明的重大成果，从发明之初拥有极高的技术壁垒，到成为亿万人类交流交往乃至生存生活的基本工具，其在为使用者赋权的同时，也对文明形态的演化具有巨大的推进作用。

---

[1]习近平.在网络安全和信息化工作座谈会上的讲话[N].人民日报,2016-04-26(01).

今天，互联网走过了大众传播、网络传播、自传播的上半场，必将走进智能传播的下半场[1]。发展以人民为中心的网络文明，必须以科学技术为支撑，始终把握数字发展的趋势与脉络，以动态、辩证的视野审时度势，准确把握技术动向，抢占科技创新的战略制高点；同时，在提升技术保障的基础上，构建清朗的网络生态、生产优质的网络内容、保障基本的网络安全等，不断提升网络文明建设水平，以满足人民群众日益增长的美好生活需要。

创新网络治理理念，建构网络空间命运共同体。互联网无远弗届，使地球成为邻里互通的村落，信息技术冲破时空障碍，在构建数字发展新图景的同时，也必然导向全球治理问题。处理好网络文明的发展与治理的关系成为一个重要而紧迫的时代命题。"网络空间关乎人类命运，网络空间未来应由世界各国共同开创。"面对互联网领域日益凸显的发展不平衡、规则不健全、秩序不合理现象，习近平总书记创造性提出了"构建网络空间命运共同体"的理念和"五点主张"：第一，加快全球网络基础设施建设，促进互联互通；第二，打造网上文化交流共享平台，促进交流互鉴；第三，推动网络经济创新发展，促进共同繁荣；第四，保障网络安全，促进有序发展；第五，构建互联网治理体系，促进公平正义。这一创新理念为推动互联网全球治理体系变革，共同构建和平、安全、开放、合作的网络空间凝聚了广泛共识，贡献了中国智慧。中国网络文明建设绝不是关起门来"孤芳自赏"，而是促进以互联网为载体的文明交流互鉴，其最终归依是建设人类命运共同体。

---

[1]方兴东，严峰，钟祥铭.大众传播的终结与数字传播的崛起——从大教堂到大集市的传播范式转变历程考察[J].现代传播（中国传媒大学学报），2020,42(07):132-146.

二、守正创新：网络文明的福建实践与探索

网络文明作为一种新的文明形态，不仅极大改变了人们的生产生活方式，也引领着社会文明的发展方向，是新形势下社会文明的重要内容。近年来，福建深入学习领会习近平总书记关于网络强国的重要思想，深入贯彻落实中共中央办公厅、国务院办公厅《关于加强网络文明建设的意见》提出的目标、任务和要求，结合福建实际，不断加强网络文明建设的实践与探索，从加强网络空间思想引领、文化培育、行为规范、生态治理、文明创建等方面，系统推进福建网络文明建设全面发展，取得丰硕成果与较好的实践成效。

（一）创新机制着力基层，强化网络空间思想引领

意识形态安全关乎国家安全和经济社会发展大局。鉴于当前互联网环境下即时便捷的传播方式和复杂多变的舆论环境，网络空间意识形态安全也面临诸多不可预知的风险挑战。面对互联网对传播生态的重构，必须加强网络空间的思想引领，以习近平新时代中国特色社会主义思想统领网络内容建设，进一步巩固马克思主义在网

络意识形态领域的指导地位，建强理论武装阵地。福建把强化网络空间思想引领作为网络文明建设的首要任务，大力开展党的创新理论网上宣传，创新传播机制，汇聚传播力量，积极培育基层理论网宣工作典型，善于利用新渠道传播新思想，不断创新宣传话语和表达方式，切实推动党的创新理论占领网络空间，牢牢锚定互联网内容建设的方向。

持续推进"头条工程"。 作为习近平新时代中国特色社会主义思想的重要孕育地和实践地，福建全方位做好习近平总书记重要活动、重要批示指示精神和重要思想成果的网上宣传阐释，综合运用立体多元、活跃畅通、高效可控的网上传播矩阵，系统推进"头条工程"，组织全省新闻网站和商业平台开设《春风习习筑华年》《牢记总书记嘱托，奋力谱写全面建设社会主义现代化国家福建篇章》等网上理论专题专栏数百个，策划系列报道，转载重磅理论稿件，集纳成就宣传和解读文章，全面展现习近平总书记在福建工作期间的理论和实践探索，立体呈现全省人民牢记嘱托、感恩奋进，奋力谱写全面建设社会主义现代化国家福建新篇章的生动场景。福建各地还依托互联网平台和新媒体传播载体，开展形式多样、内涵深刻的党史学习和主题教育活动，在网上网下凝聚思想共识。

创新网上联合推送机制。 福建不断深入研究网络传播规律，持续探索建立符合本省实际的网上内容生产、传播、引导联动机制，通过机制创新，有力壮大网上主流舆论阵地。组织建立了覆盖省、市、县三级、300多个头部新媒体、政务公众账号、总粉丝数3500多万的传播矩阵，从"正能量稿池"中精选解读阐释习近平新时代中国特色社会主义思想的新媒体作品，进行网上联合推送，构造了"一

体化策划、多形态生成、跨渠道分发、全平台传播"的全新工作格局，让网上主旋律传播更加强劲，形成线上线下同频共振。特别是在习近平总书记考察福建期间，网上联合推送机制发挥优势，在媒体与各方力量的主动传播、积极参与下，《习近平赴福建考察调研》《习近平在三明沙县考察调研》等重点稿件 40 余篇，营造了正面热烈的网络舆论氛围。

培育基层网宣"学习"力。福建把理论网宣工作创新的重点放在基层一线，不断整合乡村讲师团、理论文艺轻骑兵、百姓宣讲大篷车等基层队伍，取得显著成效。特别是及时挖掘、培养了宁德"学习大军"等民间传播力量，让分散在网下的民间理论网宣力量不断发展壮大、向网上进军，建设了一支接地气、有人气的基层理论网宣工作队。2014 年，宁德民间自发成立"学习大军"志愿组织，通过开设"学习大军"的微信公众号、微博账号、视频号、头条号、学习大军网、客户端等新媒体，形成理论宣传网上矩阵，用贴近群众的语言，扎实推进习近平新时代中国特色社会主义思想"飞入寻常百姓家"。团队还深入基层广泛开展系列线下宣讲活动，走出了一条具有福建特色的基层理论网宣新路子。其事迹被求是网、《人民日报》等主流媒体广泛报道宣传，其创新做法和经验得到中央网信办的充分肯定。

激活高校网络思政教育。青年兴则国家兴，青年强则国家强。青年，作为网络空间最大、最活跃的主体，对建设网络文明至关重要。福建高度重视青年思想政治工作，将思想政治工作传统优势同信息技术高度融合，将高校网络思政教育融入网络文明建设大局中，积极培育了"福师大小葵""数小叶工作室"等高校思政教育品牌。

2022年11月，中央网信办联合教育部、人民日报社、共青团中央、福建省委网信委、中国载人航天工程新闻宣传办公室在厦门大学成功举办了"把青春华章写在祖国大地上"大思政课网络主题宣传和互动引导活动，通过杨利伟等二十大代表现场生动宣讲，让党的二十大精神进校园，切实增强了思政教育的亲和力、吸引力、感召力，并借助多渠道、多平台立体传播，相关报道全网阅读、播放总量超过18亿次，取得突出宣传成效。

对外传播讲好福建故事。福建省委网信办发挥福建资源优势，抓住连续三年主办"中国有约"国际媒体主题采访活动的契机，邀请外媒驻华记者、在华外籍网络名人和主流媒体记者共260余人组成参访团，沿着习近平总书记考察调研的足迹，对福建脱贫攻坚、生态建设、世遗传承、数字福建、大国重器、一带一路等方面发展成就进行深度报道，讲好"福建故事""中国故事"。其中，多篇稿件被欧洲、亚洲、北美、非洲国家和地区近500家主流媒体转载转引，在境内外网上掀起了一股强劲的"福建潮流"，把习近平总书记福建足迹的网上宣传推向了新高潮。

（二）彰显闽派文化魅力，丰富网络内容产品供给

互联网是传播人类多元文化的重要载体，网络文明建设也离不开优秀文化的涵育、滋养。八闽福地，自古文化资源丰富，独特的地理环境和历史积淀，逐渐形成丰富多彩的"闽派"文化。在网络空间文化培育过程中，在高扬主旋律、弘扬正能量的路径指引下，福建不断发掘本土特色文化资源，不断创新和丰富网络文化产品，

提升网络内容建设质量，让网络空间精神文化生活更加健康向上、多姿多彩。

网络文化节蓬勃发展。2023年5月24日，以"汇聚网上正能量，扬帆福建新征程"为主题的首届福建省网络文化节在厦门开幕。开幕式上揭晓了福建省"十大网络文化品牌"、福建省"十大网络公益项目"、2022年度"十大福建好网民"等评选结果，同时举行了"我把家乡唱给你听"等一系列网络活动的颁奖或启动仪式。由福建省委宣传部、省委网信办共同主办的第二届福建省短视频大赛也在开幕式上启动。首届福建省网络文化节活动在网上网下反响热烈，其精彩开幕根植于八闽各地蓬勃发展的网络文化活动。各地网信系统近年相继开展丰富多彩的网络文化活动，推动全省网络文化呈现百花齐放的态势。其中，厦门自2012年以来已成功举办十二届网络文化节，开展网络文化互动活动383项，创作21万余件网络文化精品，网上阅读量突破63亿，厦门网络文化节已成为福建网络文化建设的知名品牌，入选中央网信办"网信工作创新实践50例"。

挖掘打造"福"文化。福建是全国唯一以"福"字命名的省份，"福"文化在福建有着深厚的底蕴和历史传承，也是福建独特的文化标识。近年来，福建不断对"福"文化进行深度发掘、提炼、转化、传播，通过网络媒体、商业平台、自媒体的聚力传播，有力传递"福"文化声音，讲好"福"文化故事，打响福建"福"文化品牌。省委宣传部牵头，东南网、新福建、海博TV等网络媒体开设了《聚焦"福"文化》《福文化·人物篇》《闽人智慧》等短视频栏目，讲述"福"文化故事；福州市委网信办紧扣"福"文化开展"福满榕城，e起向未来""福地福见，福物福艺"等一系列40余项"福"文化主题活动，成立福州音乐人学会，重磅推出《福》等歌曲；泉州通过《姓'福'村的幸福事》系列融媒体报道聚焦泉州生态、人文、民风民俗、近邻党建等，讲述世遗泉州的"福"地故事；三明泰宁县开设"福景、福味、福艺、福祉、福兴、福创"六大板块网络创意创作主题，策划系列推广活动，打造全国首个以"福"文化为主题的"百福馆"，组织"福满乾坤，福兔呈祥"民俗文化直播、"福往福来，福见泰宁"抖音挑战赛，300多万网友"亲临"启动仪式现场，活动曝光量达5934万人次。

推动传统文化"双创"发展。南平在网络文明建设中高度重视对历史名人文化的创新宣传，通过挖掘朱子文化在南平的丰富资源，通过主流新闻媒体及客户端、微博、微信和各类短视频直播平台拓展传播，精心打造以"大话熹游"为代表的数字IP，创作生产了系列动漫等不同形式的融媒体产品，不仅推动了优秀传统文化的创造性转化和创新性发展，夯实城市文化根基，也提高了城市网络文化品牌的影响力；同时，在省委网信办指导下，出品《节气里读中国》系列短视频，在网上传播中华文明，构筑中国精神。福州举办"我们的节日·清明——云端寄哀思，奋进新征程"纪念民族英雄林则徐网络追思活动等系列活动，通过历史文物的网上展示和多平台传播，进一步传承优秀传统文化，培育家国情怀。莆田结合党的二十大宣传，突出地方特色，组织千年妈祖、千年元宵、千年非遗、千年龙舟等"四个千年"专题网上宣传，传播优秀莆田文化，将传统文化与凝心聚力新征程结合，让传统文化焕发新光彩。

科技赋能红色文化传承。福建拥有光荣的革命传统和丰富的红色资源，中国工农红军入闽、中央苏区创建、古田会议、才溪乡调查、松毛岭战役等重大党史事件都发生在福建。福建高度重视红色文化在网络空间的精神引领作用，广泛推动网上党史教育，积极组织形式多样的红色文化网上专题宣传活动，不断创新红色文化传播手段，打造福建红色文化网上展示馆、红色文化VR（虚拟现实技术）体验馆等一系列科技感十足的红色文化传播载体。其中，由东南网承建的福建红色文化网上展示馆，通过VR、裸眼3D（三维）等多种互联网技术手段搭建的体验平台，使游客可以远程、实时、多维度、全方位感受福建红色文化魅力。龙岩依靠独特的红色文化资源，策划开展"百名闽西共产党员英烈风采""百村支书话振兴"等网上主题宣传活动，相关报道及融媒体产品累计阅读量逾4亿。

传播开放包容的海丝文化。海洋文化，是福建文化的另一个特质。近年来，福建着力海丝文化传播，由福建日报社主办的"海丝国际茶文化论坛"已成功举办三届，每年吸引数十个国家的驻华使节、国际友人、海外华侨参加，通过线上线下有力传播"福茶"文化，以茶为媒打开文化"出海"窗口，构筑了海丝国际文化交流合作的新桥梁，获得福建省"十大网络文化品牌"荣誉，成为闽派文化重要外宣品牌之一。泉州，是世遗之城，是古代海上丝绸之路的东方起点、21世纪海上丝绸之路先行区。为向世界展示海丝文化丰富的历史文化遗产和人文内涵、精神价值，促进文化的交流互鉴，泉州全媒体全平台发力网上宣传。2021年，泉州市委网信办联合闽南网开展"印象泉州"网络文化展播活动，通过网络展播平台，大力宣传泉州世遗文化和海丝文化，弘扬开拓进取、爱拼会赢的闽南文化。展播平台以"原创优质内容＋全业态媒体传播矩阵"架构，征集推出系列优质特色文创产品，2022年新媒体矩阵传播总量逾亿人次，实现传统文化的"活态"传承，取得良好的传播效果和社会反响。

此外，福建三明、南平、龙岩等地大力开展生态文化网上宣传，省委网信办和南平市委、政府联合主办了"网络名人看武夷"活动，宣传武夷山生态文化和福建茶文化；厦门充分挖掘华侨文化特别是爱国华侨陈嘉庚的事迹，通过线上线下活动弘扬嘉庚精神、厚植家国情怀；漳州开展"聚焦千百亿，聚力现代化漳州"等系列网上主题宣传，讲好高质量发展的漳州故事；宁德策划开展"山海交响·魅力宁德"等网络主题宣传活动，举办抖音挑战赛，相关稿件和互动话题累计阅读量超 5.1 亿；平潭以网络文化助推文旅发展，打造"福诗海"与"蓝眼泪"IP，策划推出全英文版《老外看平潭》系列视频。各地结合不同地域文化，开展了各具特色、颇具成效的网络文化宣传。

（三）提升网络文明素养，弘扬向上向善网络风尚

一德立则百善从之。作为网络行为主体，网民的网络素养对网络空间的生态环境、风气风尚有着重要影响。《关于加强网络文明建设的意见》明确指出，要加强网络空间道德建设，强化网上道德示范引领，广泛开展劳动模范、时代楷模、道德模范、最美人物、身边好人、优秀志愿者等典型案例和事迹网上宣传活动，推动形成崇德向善、见贤思齐的网络文明环境。

推进"好网民"系列工程。福建广泛组织开展职工好网民、校园好网民、金融好网民等一系列"好网民"工程，发挥"好网民"

示范引领作用，带动网民不断提升自我道德修养。2023年，福建省委网信办与省委文明办、省教育厅、省总工会、团省委、省妇联、人民银行福州中心支行等单位联合开展了2022年度十大"福建好网民"评选活动，通过评选表彰树立了一批典型榜样，通过加大活动网上宣传，进一步推动网络空间道德建设持续向好。福建各地也结合实际开展相关活动，有着创建文明城市传统的三明市，积极挖掘典型人物事迹，在首届市网络文明大会上评选表彰"三明市十佳好网民""三明市十佳自媒体"等先进典型，引导市民共同营造良好网络风尚。

凝聚互联网向善力量。福建省委网信办通过组织评选全省"十大网络公益项目"，引导广大网民、网信企业、网络社会组织投身网络公益实践，弘扬乐善好施、守望相助的传统美德。"母亲健康1+1"救助罹患"两癌"困难妇女公益项目等十大网络公益项目均借由数字化实现公益愿景。福州持续开展"爱心茶摊·致敬高温下的你"网络文明实践活动，传递温暖互助的城市文明，福州《新闻110》依托融媒体平台优势，连续四年组织"橙丝带行动"，线上线下开展数十场活动，为城市环卫工人、生活垃圾分类工作者、贫困农户等群体送去关爱；福建省学雷锋优秀志愿服务组织——德化"憨鼠爱心小分队"，依托网络社区，下乡开展扶贫助困志愿服务和组织大型专题爱心活动，为当地弱势群体募集、发放善款善物总值1200多万元。互联网在汇聚网络向善力量的同时，也为公益慈善事业注入蓬勃活力。

提升青少年网络素养。网络文明风尚的形成，是以不断提升网络素养为前提的，这其中，青少年网络文明素养教育尤为关键。

福建不断完善政府、学校、家庭、社会相结合的网络素养教育机制，广泛开展青少年网络素养教育。福建省委教育工委、省教育厅、省委网信办、共青团福建省委在厦门大学联合举办网络文明素养提升论坛，发布"福建青年学生争做新时代好网民的倡议"，引导青年学生进一步弘扬时代新风、共建网络文明。厦门市从 2020 年开始，连续举办三届厦门市青少年网络文明素养大赛，通过形式多样、参与性强的比赛活动，"以赛促学"，提升青少年网络素养，帮助青少年正确处理网络与学习、交友、生活的关系，提高网上的自我约束力和自我保护意识；福州市持续打造"e 路守护"青少年网络素养教育工程，让网络素养教育进校园、进家庭、进社会，引导青少年文明上网、安全上网、健康上网。

（四）构建综合治理体系，营造天朗气清网络生态

互联网重构了传统的社会治理体系，也形成网络空间治理的新格局。习近平总书记在第二届世界互联网大会开幕式上的讲话中指出：网络空间同现实社会一样，既要提倡自由，也要保持秩序。自由是秩序的目的，秩序是自由的保障。[1] 福建着力推进网络空间生态治理，全省网信系统联动省市县（区）三级网络执法力量，开展系列专项整治行动，建立健全网络辟谣举报机制，压实网络平台主体责任，推动行业自律，加快网络综合治理体系建设，营造清朗网络空间。

---

[1] 习近平. 在第二届世界互联网大会开幕式上的讲话[J]. 中国信息安全, 2016(01):24-27.

推进"清朗"行动。福建网信系统深入推进依法管网治网，加大网络执法监管力度，以开展"清朗"系列专项行动为抓手，依法严肃查处网上违法违规行为，推动网络生态持续向好。近年共开展"从严整治'自媒体'乱象"等专项整治20余项，监测处置违法有害信息100万余条，处置违法违规账号7万余个，约谈警告网站平台100余家，关停下架违法违规App 200余款，形成有力法治震慑。

强化网络执法。福建公安系统坚持源头治网，全面开展互联网安全监督检查和行政执法工作，共督促互联网企业清理各类违法有害信息129万余条、关停网络账号50.4万余个；检查省内皮皮虾等互联网企业、联网单位1.6万余家（次），责令网络运营者限期整改8706家（次）、行政处罚2340家（次）。2020年以来，共破获网安部门主侦案件5200余起，抓获犯罪嫌疑人5900余名，有力维护了清朗网络生态。同时，以"净网"专项行动为抓手，依托长效机制，持续严打严治侵犯公民个人信息犯罪，共破获各类侵犯公民个人信息案件1276起，抓获犯罪嫌疑人1821人。

建立辟谣机制。福建省互联网举报辟谣平台强化机制建设，构建"中央—省—市"三级举报受理处置工作模式，显著提高处置效率；多方位推进平台建设，畅通举报受理设置举报查询窗口；创新举报宣传引导，强化部门联动机制，助推形成工作合力。"厦门朝阳群众"微信公众号传播网络空间行为规范，积极参与网络空间生态治理，发动员广大网民收集涉民生、交通、教育、疫情、旅游等各领域线索，为相关部门化解矛盾提供支撑；莆田市疫情期间加强舆情应急处置力度，在全国网信系统首创"网上新闻发布会"，24小时内化解"莆田大米紧缺谣言导致的抢购风波",在省内首家发出"不传谣、不信谣、不造谣"呼吁;泉州泉港区开发"泉港网信通"小程序,开通"辟谣举报""意见投诉"专区,畅通诉求渠道,回应民生关切。

引导行业自律。福建网信系统着力引导互联网公司、新媒体平台、自媒体从业者压实主体责任,主动加强行业自律,自觉遵守相关法律法规。在省委网信办指导下,省网络与信息安全产业协会、省自媒体协会、省网络直播协会均建立了行业自律公约,引导会员加强自律,担起社会责任,维护行业形象。厦门美图网科技有限公司、四三九九网络股份有限公司等高科技互联网企业,以党建引领企业高质量发展,自觉压实企业主体责任,推动行业自律。泉州市成立网络传播协会,三明市、南平市成立自媒体协会,激发群体创造活力,同时积极践行业自律,提高自身媒介素养和责任意识,共建清朗网络空间。

(五)推动数字高效赋能,共享网络文明发展成果

依托互联网技术与新兴信息传播手段,着力构建"以人民为中心"的网络文明,让群众共享网络文明发展成果,是网络文明建设题中应有之义。作为"数字中国"思想的源头,数字福建建设持续推进、卓有成效。数字化、网络化、智能化发展为互联网利民惠民创造了广阔空间。福建在构建网络文明的进程中依托数字政府和数字社会建设,充分发挥信息化在推进国家治理体系和治理能力现代化过程中的重要作用,不断提升社会公共服务的能力和水平。

网络公益助力乡村振兴。福建将网络文明建设与八闽乡村振

兴有机结合起来，推动"互联网+"赋能乡村发展，积极开展网络扶贫宣传、网络文旅推介、助农带货直播等网络主题活动，切实推动乡村产业振兴。漳州开展数字"印漳"赋能乡村振兴网络公益帮扶行动；莆田市多形式开展"互联网+公益助农"行动，推出"我们的节日"扶贫活动，线上为农户建立微信助销平台，县长化身"网络主播"为乡村特色产品代言；龙岩市开展"红古田"网络扶贫公益行动；南平市探索形成"直播+文创+传统文化+乡村振兴"的直播运营模式；宁德开展"网络扶贫公益行暨脱贫振兴看闽东"等媒体采访推介活动。为全面推进乡村振兴，加快农业农村现代化贡献力量。

  文明创建向网上有效延伸。省委文明办大力推进学雷锋志愿服务，持续深化新时代文明实践中心建设，通过互联网的宣传与联结，有力推进群众性精神文明创建活动向网上延伸，目前全省志愿服务已形成全民参与的良好局面和蓬勃发展势头，活动规模不断扩大，活动网络不断延伸，截至目前，全省注册志愿者691万人，注册志愿服务团体7.7万个，开展志愿服务项目107万个，总时长1.93亿小时，涌现出全国道德模范刘丽等优秀志愿者代表和厦门蓝天救援队等先进志愿服务组织。泉州市泉港区连续多年举办"网络孝文化节"系列活动，积极培育和践行社会主义核心价值观，大力弘扬尊老敬老优秀传统，在全省首创网信通服务e站，作为区新时代文明实践点，开展助老便民服务，通过"速助"服务专线，实施一网通办服务模式。全省各地都以不同载体、形式推动文明培育、文明实践、文明创建向网上延伸拓展，形成了共建共享共治的网络文明格局。

网络文明 福润八闽

下篇
福建网络文明建设案例与成果

一、理论武装占领新阵地

马克思主义认为,理论和实践具有辩证关系,二者相互联系、有机统一,脱离实践支撑的理论是空洞的,缺乏理论指导的实践是盲目的。网络文明建设首重思想引领。要坚持以习近平新时代中国特色社会主义思想统领互联网内容建设,推动党的创新理论走深走心走实。近年来,福建不断加强重点新闻网站及其新媒体平台建设,以此为阵地,大力加强网上重大主题宣传,牢牢把握网络内容建设的正确政治方向、舆论导向、价值取向。以马克思主义的科学理论破除网络空间的错误观点、错误思潮,维护网络意识形态安全。同时,积极推动网上学习、阐释、宣传新思想,让习近平新时代中国特色社会主义思想入脑入心、化为行动。通过举办内容丰富、形式创新的高校网络思政课,凝聚起网络文明建设的青春力量;通过加强互联网企业党建工作,强化互联网的思想引领;通过大兴学习之风,培育出主动学习新思想、宣传新思想的民间志愿团体,"学习大军"创新基层理论网宣工作的做法和经验得到中央网信办的充分肯定;通过举办各类形式丰富、内容创新的主旋律网上宣传活动,不断巩固新时代中国共产党团结带领全国各族人民改革发展、开拓创新,进而实现中华民族伟大复兴的中国梦的共同思想基础。

（一）马克思主义在网络意识形态领域指导地位进一步巩固

■1."把青春华章写在祖国大地上"大思政课网络主题宣传和互动引导活动

2022年11月25日，中央网信办联合教育部、人民日报社、共青团中央、福建省委网信委、中国载人航天工程新闻宣传办公室于厦门大学共同主办"把青春华章写在祖国大地上"大思政课主题宣传和互动引导活动。这是党的二十大召开后中央网信办举办的第一场全国性活动，是学习宣传贯彻党的二十大精神的具体行动，中央领导作出重要批示，中宣部副部长、中央网信办主任、国家网信办主任庄荣文，中央网信办副主任牛一兵，福建省委常委、宣传部部长张彦等出席。会前，福建省委周祖翼书记在厦门会见了庄荣文一行，就办好此次活动进行了会谈。

▲ 2022年11月25日,"把青春华章写在祖国大地上"大思政课主题宣传和互动引导活动现场

（1）精心策划主题，提早部署安排

福建省委网信办积极向中央网信办申请将全国年度重大主题宣传和重大议题设置项目"把青春华章写在祖国大地上"大思政课网络主题宣传和互动引导活动放在福建举办，在2022年初的省部座谈会上，该活动正式确定落地厦门大学。活动紧扣"学习二十大精

神思政课、宣传二十大精神进校园"的政治定位,重点突出福建"海洋""海峡""海丝"文化特色,围绕"青春出发""向海图强""海峡情长""天下一家""强国有我""飞天圆梦"等六个篇章依次展开,邀请部分党的二十大代表、航天英雄和思政教师、学生代表等,以案例讲述、情景教学等生动鲜活的形式与广大青少年同上网上网下

大思政课。特别是在演讲嘉宾的邀请和互动内容的设置上，福建省委网信办积极争取中央网信办支持，突出福建特色，邀请了多位闽籍嘉宾，整体活动中福建元素过半，充分利用大思政课平台讲好习近平总书记与福建的故事。

▲我国首飞航天员、航天英雄、中国载人航天工程副总设计师杨利伟讲述"飞天圆梦"的故事

▲党的二十大代表、奥运冠军武大靖将小时候的第一双订制冰鞋带到了现场，讲述"刀尖上追梦"的故事

（2）全媒立体传播，网宣效果显著

　　福建省委网信办精心谋划，制定了网上宣传工作方案，指导全省重点新闻网站、客户端首页首屏开设专题专栏，集纳重点报道，营造热烈氛围。同时，充分发挥网上联合推送机制作用，广泛联系人民网、新华网、央广网、央视网、光明日报等中央媒体驻闽机构与福建省重点新闻网站全媒体矩阵，动员全省政务号、学习强国、微博、抖音等各类平台进行全方位立体传播，各级主流媒体通过多平台、多端口累计发布活动相关图文、视频等稿件500条。其中《党的二十大代表走进厦大》《杨利伟：中国空间站时代脚步越来越近》

等 10 余篇稿件在网上被广泛转发,热度持续上升。《"把青春华章写在祖国大地上"大思政课网络主题宣传和互动引导活动在厦门举行》等综合新闻报道登上人民日报、央视新闻联播、光明日报、中青报等央媒。活动相关报道全网阅读、播放总量超过 18 亿次,一批"冒热气""接地气"的动人故事通过网络在青年群体间刷屏热传,产生了巨大影响。

(3)原创作品出圈,助推活动热度

为切实提升此次活动的网络影响力,福建省委网信办组织网络媒体和共建新媒体工作室制作了大量契合主题、形式新颖、适宜传播的融媒体作品。活动前夕,"网信福建"融媒体工作室精心策划制作预热短视频作品《看见福建:厦门大学》,在全省各类群圈刷屏传播,总播放量超过 8000 万次。线下活动结束后,为了扩大活动的溢出效应,福建省委网信办及时指导人民网福建频道、东南网、海博 TV 等网络媒体对现场精彩环节进行拆条传播。其中,数学家陈景润之子陈由伟的演讲《科学无国界,但科学家有祖国》、冬奥冠军武大靖的故事《我们生在追梦时代》等作品在微信视频号平台热转,并被各高校新媒体平台转载,网上播放量超 5000 万次。一系列原创作品的广泛传播,为活动营造了浓厚的氛围,获得广大青年网友的热烈追捧,大家纷纷在评论中留言:"这堂思政课我听进去了""愿莘莘学子都有陈嘉庚的爱国情怀""自强不息,止于至善""为中华崛起汇聚青春之力量"……

(4)深入青年网民,网上网下共鸣

此次活动采取青年人乐于接受、易于理解的方式,在网上网下与广大青少年同上大思政课,引导广大青年认真学习宣传贯彻好党的二十大精神,"品尝真理的味道"。由于多位演讲嘉宾来自福建,活动在福建青年中引发强烈共鸣,许多厦大学生表示,听嘉宾分享意犹未尽,作为党的二十大代表,他们的奋斗故事很励志,也激发了青年人向英模看齐,坚定理想信念,为祖国奉献青春的志向。"来自中国空间站的出差邀请""正青春再出发"等互动话题登上热搜榜,吸引全网数十万青年网民评论互动,一致认为这堂大思政课形式活泼、生动,内容很有感染力、说服力,让青年人的精神与认识得到很大提升,希望这样润物无声的好网课再多一些。活动有效激发了青年牢记使命担当,在网上网下发出"听党话、跟党走""请党放心,强国有我"的青春最强音。

庄荣文主任对此次活动给予高度评价,认为整场活动比以往内容更丰富、形式更多样、宣传效果更好,特别是通过大思政课宣讲让党的二十大精神走进校园、走进青年、走进网络的宣传方式,是一种有效的创新。

2. "福师大小葵"网络思政教育品牌

福建师范大学团委坚持守正创新,通过"新媒体"整合资源,提出"4G"工作思路,即"高水准平台""高质量文创""高品质活动""高颜值展馆",进一步统筹推进网络思政工作和"福师大小葵"网络文化品牌建设,让大学生思想政治教育活起来。

(1) 拓展高水准平台,实现媒介传播多姿多彩

2020年,福建师范大学团委将原有传播平台集成为青年融媒体中心,优化组建了集内容供应、平台运营、文创开发、视频制作等职能于一体的创作团队,构建了内容多层级分发、多平台共享、

全媒体宣发的工作矩阵。学校团委的微博、微信始终保持粉丝量大、活跃度高的优势,在抖音、哔哩哔哩、腾讯视频号等平台的账号一经开设,就备受青年学生关注,尤其是精心打造的"小葵直播间",策划开展了"《习近平与大学生朋友们》学习分享会""中国青年好网民分享会"等主题直播活动,吸引了10万人在线观看,有效构建起"云端"不断线的学习网。

▲《画说百年党史》微视频

(2)深耕高质量文创,主旋律宣传绘声绘色

紧扣引领青年主线,秉持"把有意义的事情做得有意思"的理念,倾力打造"小葵说"系列文创产品。抓住重要时点深化主旋律宣传。校团委围绕学习宣传贯彻党的二十大精神,受省委宣传部委托制作"学习党的二十大精神"口袋书,受省委国安委委托制作国家安全口袋书,推出原创主题歌曲《追光》、动漫视频《小葵寻梦记》等网络思政文创产品。在庆祝中国共产党成立100周年之际,由"福师大小葵"团队创作的《画说百年党史》系列长图微视频在中央纪委国家监委网站客户端推出,"学党史"微电影《我们的青

春之歌》在团中央直播间首发，并获得第六届"我心中的思政课"全国高校大学生微电影展示活动二等奖；推出《习近平与大学生朋友们》8集专题青春思政课，引领青年学生读出坚定、读出信仰、读出担当。建团100周年之际，推出沉浸式声画互动长卷H5（互动形式的多媒体广告页面）等融媒体产品，在共青团中央微信公众号首发；《故事里的青春》2集广播剧被共青团中央、学校共青团等微信公众号转发；庆祝建团100周年主题原创歌曲《我们的青春不一样》被学习强国、新福建、团省委等平台转发，播放量破10万；百校接力唱百年歌曲MV（音乐视频）《青春唱响向未来》被共青团中央微博转发，阅读量130万。同时，坚持服务大局强化正向引导，针对校园疫情防控，制作了"科学防护、健康学习"疫情防控指南（中小学篇）和复学工作指引（管理篇），由省教育厅面向全省各级各类学校推送；组织拍摄的学校战"疫"故事短视频，展现了师生同心战"疫"的暖心画面。其中，《春满福师大》微视频，经"福师大小葵"媒体账号推出，获得3万点赞、1.4万转发，充分激发青年学生的家国情怀和社会担当。

▲ "学党史"微电影《我们的青春之歌》

校党委书记早餐会　校长面对面　"我为师生办实事"系列活动　"呼叫小葵"线上服务

（3）开展高品质活动，助力线上线下渠道畅通

通过新媒体平台，将思想政治教育寓于服务青年学生、深化社会服务当中。坚持服务领域"齐上线"，在"福师大小葵"平台布局思想引领、创新创业、公益志愿等8个服务模块，提升服务青年学生的针对性。坚持诉求服务"常在线"，每学期举办"校党委书记早餐会""校长面对面"活动，组织青年学生在线提交提案，学校党政主要领导面对面听取建议、解决问题；开放"呼叫小葵"线上服务，各有关职能部门"键对键"及时回应学生诉求，让青年学生在感受服务温度和效度的同时，增强参与民主管理的积极性和爱校荣校的责任感。坚持志愿服务"不离线"，充分发挥教师教育特色优势，结合甘肃、宁夏研究生支教团派驻任务，深化教育扶贫举措，运用新媒体开设"小葵筑梦课堂"，累计开课500多次，受益人数突破万人，让志愿服务跨越时空、支教扶智形成常态。其中，福建师范大学研究生支教团的"小葵课堂·以体育心——护佑乡镇儿童健康成长计划"项目获得第五届甘肃省青年志愿服务大赛金奖。

（4）打造高颜值展馆，联动线下合力可知可感

高度重视"福师大小葵"品牌化建设，投入专项经费打造了新媒体育人线下实体展示空间——"福师大小葵馆"，集中展示党的十八大以来"福师大小葵"团队创作的新思想网络文创产品，通过现场展示、互动体验、产品共创等方式，让思想政治教育实现线上线下全面联通、同步共鸣。建馆重在育人，福建师范大学团委注重发挥"福师大小葵馆"的实践育人功能，鼓励青年学生通过自主申报、竞赛评选等方式，参与网络思政文创产品的设计、开发，推动青年学生由教育内容的接受者向教育内容的生产者转变，在亲身经历中增强网络思政工作的感召力。小葵馆已累计展出青年学生自主设计、开发的网络思政文创产品1000余种。

▲福建师范大学小葵馆内景

3. 集美大学融媒体绘制网络育人"五线谱"

高校肩负着培育时代新人的重要使命，做好大学生思想政治工作，是高校落实立德树人根本任务的关键一环。在媒体融合背景下，集美大学建成厦门地区高校首个融媒体中心，坚持育人为本，立足实际，努力探索创新，充分发挥软件平台移动采编、资源共享、聚合传播作用，通过拉近媒体与受众"距离线"、把握品牌宣传"主题线"、打造网络思政"共振线"、畅通网上网下"连接线"、精耕融媒体作品"生产线"，绘制网络育人"五线谱"，在拉近距离中潜移默化润物无声，在品牌宣传中实现价值传递文化浸润，在协同育人中激发全员思政活力，在网上网下连通中增进情感认同，在精品创作扶持中提升影响力、传播力。校园网络空间主旋律高昂，正能量充沛，官方媒体矩阵的舆论引导力持续增强。

（1）注重沉浸体验，拉近媒体受众"距离线"

在"对话"中传承红色基因。依托学校丰富的校本资源，策划建党百年主题视频《闽海之光》，邀请学生从"旁观者"变成"主人公"，通过角色扮演、情境再现等形式，让师生校友感知中国共产党对中国革命的贡献，与革命先辈"隔空对话"；开设《百年党史·红色集大》融媒体专栏，组织师生通过查阅资料、实地调研等多种方式，挖掘整理学校早期革命家事迹，以讲故事的形式娓娓道来，润物无声。

在"互动"中传递主流价值。举办"学'四史'践使命，'网'聚正能量"网络文化节，策划"学党史、颂党恩、跟党走"等6个主题20余项网络文化活动，使学生在实践中体验，在体验中感悟、成长。策划"争做校园好网民"主题活动，预热视频《网络把孤岛连成大陆》聚焦网络的"连接"作用，通过分屏的创意形式展现网络对人际关系、心理抚慰等方面的积极意义。举办"原来你也在这里"粉丝嘉年华活动，邀请学校及学院两级官方新媒体、学生自媒体等"会面"，共话网络文明。

（2）强化产品思维，把握品牌宣传"主题线"

精心组织重大主题宣传。将每一个重大主题宣传作为系列融媒体产品创作、生产、传播的过程，充分考虑分众化、差异化的传播需要，结合学校改革发展实际，精心策划宣传方案。如在庆祝建党百年系列宣传中，通过深度采访、差异化表达让严肃的主题"活泼"起来，推出重点栏目、精品报道，着力提升视听语言和可视化新闻比重。《新时代新百年新青年》《都挺好》等专栏，以"小视角""小细节"为切入点，借师生的"心里话"，呈现师生的幸福感、获得感及学校事业发展取得的新成绩，产品触达率显著提升。在2022年毕业季期间，通过主题视频预热、多平台直播、短视频叙事等方式，先后创作短视频12条，用镜头记录青春，传递师生情感。

重视校本文化凝练传播。以集美大学校训"诚毅"为基础，融合学校嘉庚风格建筑、建设"工海"特色一流大学目标等元素，设计推出融媒体网络卡通形象"阿诚"和"小毅"，创作《阿诚小毅说校史——校园文化地标导览》《阿诚小毅逛集大'冬奥'》等融媒体产品，为网络形象赋予校本文化内涵，形成传播互动效应。同时以"阿诚""小毅"为形象代表策划推出《弘扬时代新风，建设网络文明》主题宣传动画片、表情包，增强师生争做校园"四有"好网民意识。强化以大学精神、文化内涵为主题的网上内容策划，先后推出《集美于一流》《集园嘉话》《美哉教泽长》《集园达人》等品牌栏目，分众化讲述"定制新闻""定制故事"，通过"有深度、有温度"的产品沉淀大学精神文化。

（3）推动融合育人，打造网络思政"共振线"

"授课+主播+创作"的人员融合。联通校内相关部门，共同搭建网络思政教育新模式，聚合专业课教师、思政课教师、行政干部、学生骨干力量，通过校园官方B站（哔哩哔哩网站）、抖音等网络平台开展教育宣讲、朋辈辅导、互动交流等，搭建师生思维交流碰撞的新平台，形成网络思政教育新常态。教务处《开学第一课》、学生处《辅导员领学党史》、校团委及马克思主义学院《思政青课》等栏目聚焦时事历史、聚焦学生成长，将传统授课转化为师生主播、视频创作，大大延伸拓展了传统思政教育时间和空间。

"主题+形式+传播"的载体融合。结合"互联网+"的网络思政作品传播规律，聚焦思政主题，加强融媒体作品形式策划和传播设计，构建形成立体化传播格局，深化主题宣传，增强影响力。如围绕战"疫"、光盘行动、文明创建等主题，创作《我在中国很好》《光盘MV》《集大，加油》等系列推文及短视频作品，集原创性、通俗性、观赏性和教育性为一体，通过官方媒体矩阵同步传播，形成"共振"态势。

（4）聚焦师生关注，畅通网上网下"连接线"

"诉求"有"应"，"疏导"有"情"。学校微信公众号、微博、广播电台同步推出《集园树洞》专栏，围绕疫情封校、考研失利、宿舍关系、自我接纳等学生成长中的具体问题与困惑，发起线上互动，通过"调研+分类+建议"，入情入理地开展沉浸式引导，收集、传递集大校园里的温暖故事，传递信心。在厦门疫情发生期间，持续整理公布校园疫情防控工作解读、专项工作反馈渠道等，全天候开展官微后台留言回复，用心用情回应粉丝诉求，定期公开高频诉求处理回复，回应师生关切。

"连接"有"道"，"引导"有"力"。建立官方媒体与学生自媒体的连接沟通渠道，形成即时沟通机制，引导校园资讯类自媒体平台准确合理把握政策导向，做好解读，与学校官方媒体形成舆论引导合力；摸底粉丝数较多的师生"网红"，在官方抖音平台协作开展主题内容生产创作，建立持久良性互动，提升传播效能；实施"校园'四有'好网民"培养选树计划，开展阳光发帖行动、文明跟帖行动、主题沙龙、参观调研等培育活动。

（5）优化体制机制，精耕融媒体作品"生产线"

提高内容生产效率。依托融媒体中心软件平台，实现校内二级网站及新媒体信息发布数据动态跟踪、媒体资源库数据共享、移动采编等功能。整合校级融媒体中心学生记者团，融合人员分工与配置，统一策划选题，多部门联动，"一次采集，多种生成，多元传播"。

延伸网络思政"触角"。确立培育"网络教育名师培育支持计划"人选，立项培育大学生网络文化工作室。在校内各单位设立师生新媒体联络员，定期公布校内媒体矩阵运营榜单，培育建设学院融媒体中心，形成二级单位媒体网上内容建设交流学习机制，实现对二级单位官方媒体信息发布内容的查找监测、账号管理。

鼓励网络育人作品创作。将本校师生创作的网络文化作品传播情况依据重大、较大、一般三个等级进行网络文化成果认定，纳入科研成果统计、列为教师职务职称评聘条件、作为师生评优评奖的依据、作为学院内涵建设加分项目。实施网络育人作品创作扶持计划,在资金、人员、技术上给予优秀创作项目以支持,孵化了一批优秀网络文化作品。

(6)主要成效和经验

2021年建党百年专栏《百年党史·红色集大》系列图文、视频阅读量逾100万,学习宣传党的十九届六中全会精神和福建省第十一次党代会精神官方微博专题阅读量逾150万,党代会专题《都挺好》系列图文阅读量逾70万。在2021年网络文化节系列活动中,学校官方微博、微信、抖音账号,易班网、各二级单位新媒体平台发布党史学习教育相关图文逾200期,创作网络文化作品近100件。2022年毕业季专栏《集大人,自有光》系列图文、视频总计阅读量逾1000万。校长李清彪在学校2022级新生开学典礼上的讲话视频片段,各平台转发阅读量超1亿,微博话题居全国热搜榜第五。"青春战'疫'·向光前行""争做校园好网民"线上线下活动获厦门网络文化节优秀创意奖,为该奖项唯一获奖高校。学校融媒体中心先后获得"全国百强校园媒体""中国大学生官微百强""全国百强可视化融媒团队"等荣誉称号;官方微信、抖音传播指数和综合影响力多次位列全国高校百强,稳居省内高校前列,视频号单周综合影响力排行曾位列全国高校前十。融媒体中心学生记者团在中国青年报·中青校媒"毕业季特别报道"和"两会特别报道"等全媒体传播系列活动中荣获"优秀校园媒体"称号,获评福建省十佳校媒。

■4. 福建信息职业技术学院"树小叶"网络文化品牌

福建信息职业技术学院数字产业学院树小叶工作室紧紧围绕立德树人根本任务,以"有质量、有温度、有情怀"的"三有"思政教育为理念，充分发挥教育者的主导作用与教育对象的主观能动性，加强精细化管理，大力推进工作室品牌化建设、项目化运作、优质化产出，着力打造具有创新性、示范性、标杆性的"七彩"网络素质教育阵地，努力形成"五个一"，即一支高素质的网络思政队伍、一系列影响力大的校园线上线下品牌教育活动、一系列具有示范效应的校园网络建设典型案例、一个系统的校园网络舆情数据体系、一个培养新媒体技术人才的平台，真正发挥网络平台在高校思政育人中的最大效能。

（1）丰富"树小叶"文化内涵

职业教育离不开产教融合、校企合作。作为校企合作、产教融合的"双主体"办学的二级学院，数字产业学院一直致力于打造"树小叶"网络思政人物IP（"树叶"既是"数字产业"的谐音，又寓意"立德树人""立业报国"；IP即知识产权），并将"树小叶"作为数字产业学院学生的化身，以推动现代职业教育高质量发展为自己的奋斗目标。工作室组织学生参与设计了"树小叶"卡通形象，充分展现学院特色和学生未来的职业角色。

▲ "树小叶"卡通形象

（2）推出"树小叶"系列文创产品

工作室依托"树小叶"卡通形象，推出一系列线上线下文创产品，塑造"树小叶"文化品牌。创作"树小叶"抱枕、书签、钥匙扣、鼠标垫、笔记本、文件袋等文创用品，在各类网络思政活动中使用推广，设计"树小叶"网红打卡点，做师生喜爱的文创产品。

▲ "树小叶"系列文创产品

（3）打造"树小叶"品牌栏目

围绕网络思政育人，整合资源，打造"立得住、叫得响、覆盖广、持续久、效果好"的思政品牌。工作室除了打造"青学、青创、青健、青雅、青勤、青群、青敬"素质教育专栏，还推出了"青春榜样"栏目，以大学生的视角报道身边的师生优秀典型，通过直播、录播等方式开展思政教育，其中包括师长们的亲身经历分享、"宏天奖"助学金获得者采访等，引导学生开启大学生活，传播生活中的正能量；通过"产业对话""产教融合"等栏目，宣传推广"双主体""六共同""五融合"的校企合作产教融合"福信模式"。搭建"青说青语"栏目，接收学生来稿，号召学生用文字记录美好生活，展现自我风采，培养青年学生的阅读兴趣，增强团体凝聚力，展现校园人文精神。

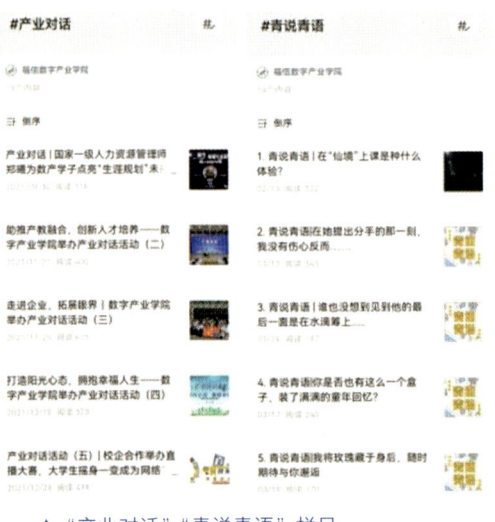

▲ "产业对话""青说青语"栏目

构筑网络思政育人工作体系，一方面，发挥辅导员、产业导师联合育人作用，指导学生茁壮成长；另一方面，建立网评宣传队伍，带动了一批学生积极参与朋辈网络思政教育，传播正能量。领办人荣获福建省高校基层党务干部职业能力大赛（高职组）团体优秀奖、"主题党日策划"赛项（高职组）第十名；工作室师生主持和参与申报"十四五"规划课题 1 项、校级思政工作培育项目 1 项，荣获第六届"国青杯"全国高校艺术设计作品大赛一等奖 1 个、二等奖 3 个、三等奖 2 个；荣获 2022 移动应用创新赛第一届职业技能创意展示赛优秀奖等荣誉。

■ 5. 四三九九网络股份有限公司党建引领促发展

四三九九网络股份有限公司（以下简称"四三九九公司"）党委

以习近平新时代中国特色社会主义思想为指引，全面深入贯彻落实党的二十大精神，紧紧围绕经营抓党建、抓好党建促发展的工作思路，为推动企业发展提供坚强有力的思想保障、精神动力和智力支持。

（1）持续强化理论学习，凝聚思想共识

2022年以来，四三九九公司党委把学习贯彻党的二十大精神作为当前和今后一个时期的首要政治任务，结合"线上+线下"学习的形式，扎实开展党员教育学习活动。线上通过"4399微党课平台"、厦门党建e家平台、党员微信群开展学习，并通过红色主题闯关游戏"小九闯关记"App（手机软件）开展党的二十大专题知识竞赛。

▲红色主题闯关游戏"小九闯关记"App

（2）持续加强队伍建设，凝聚奋斗力量

坚持壮大队伍，始终把发展党员工作纳入年度重点工作。2022年公司各党支部收到30多位核心骨干员工的入党申请书，公司党组织由5个党支部增加到8个党支部。坚持典型引领，定期开展党员先锋岗、"两优一先""卓越讲师""超级伯乐"等评选并组织表彰大会，把先锋模范选出来、亮起来，并通过企业期刊专栏刊发。坚持党管人才，党委统筹抓好人才培育工作，先后举办多场各类培训，鼓励支持员工参加继续教育，提升个人学历。

（3）持续深化党建引领，凝聚工青妇合力

坚持以党建引领工建、团建、妇建。2022年，四三九九公司党委完成了"关爱三件事"。一是推动"爱心寒暑托班"筹建，解决职工寒暑假"带娃"难题；二是建成职工健身房，推广"健康+运动"的工作及生活理念，有效提升员工的身体素质；三是为全体员工新增投保，给予员工双重的医疗保障。2022年，企业妇女微家"9妹之家"成功举办了首场"厦门市互联网企业妇建现场推进会暨互联网智汇女性主题论坛"活动。"四三九九红色卫士审核小组"荣获福建省总工会授予的"2022年福建省工人先锋号"荣誉称号，"9妹之家"陈敏娜获评"全省优秀妇联主席"荣誉称号、"9妹之家"委员刘玲丽当选厦门市互联网行业妇联第一届副主席。

（4）持续丰富主题党日活动，凝聚组织力量

持续开展富有特色的主题党日活动。组织党员参观红色爱国教育基地胡里山炮台，引导党员学习伟大抗战史，铭记伟大抗战故事，进一步培育党员优良爱国主义精神。举办"永远跟党走，奋进新征程"庆祝建党101周年系列活动，全体党员重温入党誓词、支部书记上党课、老党员分享入党初心故事等精心策划的活动，有效提升党员党性修养，增强了党员归属感，使党组织更有凝聚力和战斗力。组织开展以"坚定文化自信自强，做好新型文化的传播者"为主题的宣讲活动，带动全体党员做弘扬时代新风的传播者。

（5）持续开展公益活动，凝聚爱心力量

四三九九公司党委号召广大党员充分发挥先锋模范作用，联合600多名员工志愿服务者，积极参与各项社会公益活动，履行社会责任，彰显自身价值。党委协同工会、妇女工作组织"9妹之家"、行政等部门，常态化开展爱心衣物、图书捐赠的"微公益"活动，资助特困员工，协助外来员工了解子女入学的政策动态，切实解决员工实际困难。党委书记带领党员干部在南华社区开展"新春送暖"走访慰问活动，联合思明区妇联开展慰问一线环卫工人活动，加入厦门软件园志愿者联盟，组织参加"弘扬志愿精神，看见向善力量"企业志愿者服务主题展等。

■6.美图网科技有限公司打造"四美"党建品牌

厦门美图网科技有限公司（以下简称"美图公司"）作为高科技互联网企业，公司党委以"科技让美更简单"为使命，坚持为人

▲美图党群活动服务中心

民群众服务，创新打造"美美与共"工作格局，不断丰富和发展企业党建文化，积极构建共树美的形象、共筑美的品质、共传美的文化和共聚美的力量"四美"党建品牌。公司党委先后获得厦门市思明区先进基层党组织、思明区十佳互联网党建品牌等荣誉。

（1）强化理论武装，补足党员"精神之钙"

坚持用党的创新理论武装青年，用党的初心使命感召青年，充分发挥"三会一课"制度重要作用，积极组织开展主题宣传、学习分享会等主题活动，深入学习宣传贯彻党的二十大精神。为进一步强化学习实效，公司党委组织党员前往同安军营村开展"重温初心使命，感受乡村振兴"主题党建活动，学习感悟习近平总书记在厦门工作期间创造的宝贵思想财富与实践成果。在全国两会、建团100周年等关键节点，号召党员自觉主动学习党的创新理论，不断补足"精神之钙"。

（2）打造党建品牌，提升党建活动水平

积极建设党建宣传阵地，规划党建展厅、党员活动中心建设，设置党员活动室、党建宣传角等，努力营造浓厚党建氛围，设置党员先锋模范岗，鼓励党员在工作中发挥示范引领作用。同时，结合公司年轻群体思维活跃的特点，持续开展红色电影主题观影、系列研学、拍照打卡等实践活动，策划党建宣传视频拍摄等，进一步丰富党建活动形式和内容，凝聚党组织力量，增强党组织活力，不断提升"四美"党建品牌效应。

（3）注重党员发展，加强党员队伍建设

坚持把党员队伍建设与企业人才培育紧密结合，在招聘、培养、提拔环节坚持党员优先的"三优先举措"。美图公司鼓励优秀员工递交入党申请书，积极推行"双培养双进入"制度。在公司内部成立建设"党员技术创新"攻关小组，由党员主导的技术攻关小组创新推出全球首款将人工智能用于绘画的产品——绘画机器人Andy，为美图秀秀增加超4000万的海外用户。同时，不断充实"党员安全卫士"队伍，助推良好网络生态的形成。

（4）热心公益事业，践行企业社会责任

在公司党委带领下，美图公司始终关注和践行公益事业。积极投身教育扶持、疫情防控、急难救助等各类公益活动。联合知名演员发起爱心活动；向厦门市慈善总会捐款100万元助力抗疫；定制"喜欢支教"滤镜，助力美丽中国宣传支教事业；向彭水县民族中学进行爱心捐赠；走进安徽省金寨县开展"女性呵护计划"等，在一次次公益行动中主动承担企业社会责任，以一点一滴的爱心滋润社会公益事业发展。

（5）融合党建与业务，共促企业创新发展

美图公司党委把党的建设作为指引业务发展的重要指南，坚持传播正能量，营造稳定发展的企业氛围，不断优化产品和服务，为用户提供更优质的体验。通过SaaS（软件运营）服务助力美丽产业数字化升级，基于美图云修等业务板块，以多场景的数字化解决方案更好地服务实体经济，助推中小企业转型发展；以数字化手段创新传统艺术表现形态，在中国传统文化中汲取灵感，围绕"中国潮色""东方潮妆""国潮纹样"等项目，创造新型文化体验，传播中国之美、文化之美、生活之美，激发全民族文化创新创造活力。

■7. 南平市青年数字经济创业园"e路同心"党建品牌

南平市青年数字经济创业园坚持党建引领，立足青创工作实际，充分运用互联网优势，创新打造"e路同心"党建品牌，促进党建工作与业务发展深度融合。

（1）创新"两项机制"

为了完善青年创新创业生态，让各类企业和青年人才引得来、留得下、发展得好，青创园牢固树立党建带团建、团建促青创的发展理念，建立健全园区党支部和团总支部，在园区内部组建了一支由党员和团员组成的创业帮扶队伍，通过组织引领不断深化完善青年创业"服务链"和"生态圈"。近年来，园区围绕"联创联建、帮扶指导、一站办理、推动发展"工作思路，发展和形成了联席共商和全链服务两项机制，形成党群合力共解难题的局面，为青年创业团队快速成长提供了强大动力。

（2）组建"三支队伍"

在充分运用两项机制的基础上，园区将党员导师、职能部门、行业组织等各方力量进行整合梳理，形成三支有效推动青年创业的队伍，为入驻青创园的创业团队带来各类政策讲解、资源信息、创业内容、帮扶指导等一体化的配套资源，让入驻青年加快创业步伐，提升创业活力，增强创业信心。

第一支队伍是导师党员"助青创"。以青年创新创业、成长成才需求为导向，汇集优秀的党员企业家、专家、行业精英成立"青创智库"，充分发挥党员导师在经验、人脉、资源、地缘等多方面的优势，为创新创业青年提供观念指引、咨询辅导、资源链接等"接地气"的帮扶，助力青年创新创业落地生根、做大做强。目前共有导师 100 名，其中专家 30 名、行业精英 50 名，企业家 20 名，园区成立以来共开展导师帮扶工作 55 次，帮助 100 余名青年成功创业。

第二支队伍是机关党员"解青难"。成立"青创诊室"，税务、工商、人社等十余个涉企部门每月轮流到园区召开联席会议，机关党员带头仔细梳理创业青年在创业过程中的痛点、难点，"把脉问诊"。汇集各类意见及建议，积极宣传创业扶持政策措施，整合优势资源，营造良好的创业环境，已召开联席会议 25 次，帮助跟踪解决问题 50 个。

第三支队伍是行业党员"壮青力"。联动南平市互联网行业党委、南平市青促会、南平市文艺青年联盟等行业党员，积极开展"结对互联互助""团队降本增效"等活动，促进青年创业者与各行业组织之间资源共享、优势互补，共利共赢。依据行业特点，成立团支部 16 个，联动社会行业组织 6 个，为创业青年提供帮助 300 人次。

（3）办好"四类活动"

园区以"四类活动"为抓手，深入开展形式多样的主题活动，以"活动聚人心，共创促发展"，营造"同心、同德、同力"的园区文化，奋力开创园区高质量发展新局面。

第一类活动是凝聚向党红心。坚持以思想为引领，按照党支部示范学、团支部跟进学的模式，以思政课堂、道德讲堂、主题演讲等富有特色的活动为载体，组织开展"青年说党史""党的二十大精神主题演讲"等活动，引导创业青年共建园区、共治园区、共享园区发展成果，持续提高创业青年的凝聚力和向心力。

第二类活动是呵护创业赤心。园区党组织每月召开创业青年交流会，收集创业需求，定期举办创业沙龙、达人分享会、技能提升班等各类创业活动，提高创业青年的综合素质与职业技能，持续为青年创业赋能助力。

第三类活动是融汇成长同心。坚持"月月大活动,周周小活动"，开设多样化、分众化、个性化活动，组织开展"团员青年面对面"、趣味运动会、集体生日会等活动，不断拓宽倾听青年真实心声的渠道，更好了解青年需求、服务青年发展,提升创业青年的活力和动力。

第四类活动是温暖公益爱心。发挥企业担当，承担社会责任，以青年党员、团员为核心组建志愿服务队伍，参与文明城市创建、困难群众慰问帮扶等各类志愿活动。联合共建单位组织开展团团助农直播、公益课堂进社区、达人文旅推广等公益活动，为讲好南平故事、卖好南平产品，为助力乡村振兴作出贡献。

（二）习近平新时代中国特色社会主义思想的宣传阐释进一步入脑入心

■1.习近平新时代中国特色社会主义思想网上宣传引导出新出彩

近年来，福建省委宣传部、省委网信办拓展运用立体多元、活跃畅通、高效可控的网上传播矩阵，策划推出一批接地气、有温度的精品佳作，全方位做好习近平总书记重要活动、重要讲话、重要指示批示精神和重要思想成果的网上宣传阐释，立体呈现了全省人民牢记嘱托、感恩奋进，奋力谱写全面建设社会主义现代化国家福建新篇章的生动场景，为全省网络文明事业打下坚实的政治基础。

▲《东南网》开设《牢记总书记嘱托,奋力谱写全面建设社会主义现代化国家福建篇章》专栏

(1)开设专题专栏,凝聚新思想新论断

大力推进"头条工程",组织全省新闻网站和商业平台持续开设《春风习习筑华年》《牢记总书记嘱托,奋力谱写全面建设社会主义现代化国家福建篇章》《习近平的殷切嘱托,福建件件有回音》等专题专栏,组织策划系列报道,转载重磅理论稿件,集纳成就宣传和解读文章,全景展现习近平总书记在福建工作期间的理论和实践探索,在改革、开放、发展、党的建设等一系列重大领域取得的丰硕成果和思想光芒。特别是 2021 年以来,围绕习近平总书记考察福建时提出的"一个篇章"总目标、"四个更大"重要要求和四项重点任务,

/ 下篇 福建网络文明建设案例与成果 / 57

通过专题专栏广泛传播习近平总书记重要调研活动、重要讲话精神和重要思想成果，带领广大网民重温领袖"金句"，再现暖心瞬间，让习近平新时代中国特色社会主义思想牢牢占据各平台首页首屏头条。

（2）生产优质作品，展现新作为新成就

福建省委网信办牵头组织人民网福建频道、新华网福建频道、东南网、闽南网等共建新媒体工作室，灵活运用微视频、H5、动漫、MV等方式，围绕习近平总书记在福建工作时擘画的蓝图和对福建做出的重要批示指示精神，推出融媒体作品《总书记，我想对您说》《更福建·向未来》等，全景展示福建数字经济和海洋经济"乘风破浪"、绿色经济和文旅经济方兴未艾、生态环境"高颜值"和经济发展"高素质"相得益彰的喜人成绩。指导全省九市一区网络媒体采取接力模式，运用短视频、图片、海报等综合形式推出《感恩奋进这一年》系列原创融媒体作品，创作《福建》《南平欢迎你》《如画三明》等原创内容，运用生活话语、网言网语向习近平总书记汇报全省各地的奋斗历程和喜人变化，其中《习近平福建行｜百味沙县，魅力俞邦》《爱拼会赢的泉州》等内容一经推出即在当地群圈刷屏热传。

（3）全网同频传播，营造热烈舆论氛围

组织全省200多个头部新媒体公众账号，组建成覆盖粉丝数近3000万的传播矩阵，从"正能量稿池"中精选解读阐释习近平新时代中国特色社会主义思想的新媒体作品，媒体传播矩阵与各方传播力量积极参与传播，分享给广大网民，形成同频共振。《感恩奋进这一年》《春天的回响》等系列作品立体呈现了福建省在习近平新时代中国特色社会主义思想的坚强指导下，在乡村振兴、生态文明、红色旅游发展、人民健康事业等方面取得的骄人成就，受到广大网友的好评热转。特别是在习近平总书记考察福建期间，在各方的主动传播和积极参与下，《习近平赴福建考察调研》《习近平在三明沙县考察调研》等40余篇重点稿件全网热情高赞，营造了正面热烈的网络舆论氛围。

（4）面向基层一线，解读阐释创新理论

福建省委网信办坚持重心下移、力量下沉，把理论网宣工作创新的重点放在基层一线，不断整合乡村讲师团、理论文艺轻骑兵、百姓宣讲大篷车等基层队伍，及时挖掘和培养宁德"学习大军"等民间传播力量，让分散在网下的民间理论网宣力量不断发展壮大、向网上进军，建设了一支接地气、有人气的基层理论网宣工作队。指导基层理论网宣工作队创新表达，向近亿量粉丝转载推送领袖"金句"和暖心瞬间，运用生活话语、网言网语阐释解读习近平新时代中国特色社会主义思想，并通过各地网络社群、朋友圈持续刷屏，推动党的创新理论不断通过互联网"飞入寻常百姓家"。

（5）强化互动引导，以正能量激发大流量

在今日头条、新浪微博、抖音等平台广泛设置微互动话题，联动各类新媒体账号，着力发挥网络大V的舆论引领力，做好重点内容的转发推送和关键环节的互动引导。积极承办"追寻建党百年足迹——网络名人福建行"网络主题活动，组织总粉丝数达1.5亿的网络名人和媒体记者走进三坊七巷，访问宁德下党乡，参观晋江经验馆，瞻仰革命旧址，参观文化古迹，考察相关领域代表性企业，对福建贯彻落实习近平总书记来闽考察重要讲话精神、加快新发展阶段新福建建设成就进行宣介，活动启幕当日相

▲ "网络名人福建行"采访团走进晋江经验馆

关话题冲上热搜榜,阅读量破亿。

(6)做好国际传播,对外讲好福建故事

连续三年主办"中国有约"国际媒体主题采访活动,邀请外媒驻华记者、在华外籍网络名人组成参访团,紧扣福建是习近平新时代中国特色社会主义思想的重要孕育地和实践地,沿着习近平总书记考察调研的足迹,通过他们的笔触和镜头,发挥"外"眼优势,展示习近平总书记在福建工作时擘画的"数字福建"思想和战略,读懂中国共产党作为百年大党的历史性变革和人民至上、一心为民的初心使命,把习近平总书记福建足迹的网上宣传推向了新高潮。

▲ 2023"中国有约·相约福建"国际媒体主题采访活动在泉州启动

■ 2. "学习大军":滴水穿石,唱响新时代强音

习近平总书记在宁德工作时曾大力倡导"滴水穿石"的闽东精神,它体现的是铁杵磨针、积土成山的韧性意志,弱鸟先飞、敢为人先的创业激情和矢志不移、奋斗不止的进取品格。在福建宁德,有一个民间自发成立的志愿组织——"学习大军",始终弘扬"弱鸟先飞、滴水穿石"精神,近十年如一日地自发自觉学习宣传习近平新时代中国特色社会主义思想,唱响新时代强音,持续推动党的创新理论通过互联网"飞入寻常百姓家"。

(1)弱鸟先飞,网络学习平台从无到有

"学习大军"敏锐察觉网络新媒体在舆论宣传引导方面举足轻重的作用,克服技术人才和经验缺乏的困难,努力学习使用新媒体,致力在网络理论宣传上实现"先飞"。2014年1月7日,注册"学习大军"微信公众号和新浪、腾讯微博账号,紧扣习近平总书记重

▲学习大军网页面

要活动、重要讲话、重要指示批示精神，及时撰写原创评论文章，开辟多个学习原创栏目，产生热烈反响，为全国其他学习平台和微信公众号提供有益借鉴。2015年6月27日，学习大军网开通，成为全国首个专门以学习宣传新思想为主题的网站。2019年以来，又接连开通了学习大军网清新福建、宁德频道、宁德各县（市、区）频道、乡镇频道，学习大军网共同富裕频道、基层党建频道。目前打造了学习大军微信公众号、学习大军网、学习大军客户端App以及学习大军头条号、智学抖音号、智学快手号、学习大军视频号等新媒体传播矩阵。

（2）培养锻造，团队战斗力由弱到强

"学习大军"不断吸收各行各业志愿者加入，于2015年3月成立了宁德市学习促进会，是全国首个学习宣传习近平新时代中国特色社会主义思想的民间社会团体；2020年在中央和省、市各级各有关部门大力支持下，统筹"宁德市理论宣讲轻骑兵""宁小团"等力量，队伍从最初的2人壮大到3400多人。为确保团队运作规范有序高效，团队建立健全了一系列内部运行管理制度，比如建立值班制度，由志愿者轮流值班跟踪新闻，收集写作素材，拟定写作提纲，交由总编审定后再进行学习评论撰写；建立"三审三校"制度，严把政治关和政策关；建立例会制度，每周五召开例会，点评交流总结；建立宣传制度，扩大学习覆盖面和影响力；建立微信公众号编辑制度，专人负责编辑、校对，按时发布；建立网站管理制度，各个栏目责任落实到人；制定网站管理例会、网站专用编辑电脑管理、技术人员工作和网站值班等制度，确保网络安全。多年来，广大志愿者怀着共同的理想信念，真诚地把"学习大军"的工作当作一份事业，以一篇篇生动鲜活、文风清新、百姓乐读易读的评论文章，有力推动了理论宣传的通俗化大众化。开设学习评论、学习故事、学习诗书、大军观察、大军特评等14个学习原创特色栏目，发布评论文章逾3505篇（700多万字），学习故事502篇；创作诗词、书法作品3009首（幅）；发布学习用典、学习妙语4094篇，学习心声520多篇，大军特评209篇，大军观察171篇；出版著作2部；完成发表学习《习近平在宁德》《习近平在厦门》《习近平在福建》《习近平在浙江》系列采访实录评论文章478篇90多万字。同时，"学习大军"着力提升团队综合素质，定期召开例会，组织学习习近平总书记公开发表的原著原文；开设专题写作讲座，组织志愿者查阅习近平总书记在宁德工作时的有关文献，挖掘写作素材；建立"传帮带""结对帮扶"机制，开展文章阅读量评比、演讲比赛等活动，营造"比学赶超"浓厚氛围,锻造了一支写作骨干队伍。

(3)多元宣传,影响力由小到大

为了让更多人学习、传播习近平新时代中国特色社会主义思想,"学习大军"通过网上推广和网下覆盖开展宣传,逐步扩大影响力。主动对接中宣部党建网等10多个主流网络媒体,开辟学习大军专栏。发动志愿者深入基层发放学习倡议书,设置"学习大军"固定宣传广告牌、视频广告、文化墙等,向30多万名高校大学生发放"上大学,好好学习"宣传折页。与有关部门合作,设专栏、办比赛、做展览,开展系列先进评选及书法、征文、知识竞答等活动30多场,参与人数达600多万人次。先后在闽东独立师诞生地蕉城区霍童镇桃花溪村、寿宁县下党乡、福鼎市硖门畲族乡柏洋村等建立"学习大军实践基地",打造"学习之旅"。多年来,累计800余批

▲ "学习大军"青年志愿者走进宁德市高级中学,与青年学子面对面交流,共同学习,共话青春

次 23000 多人次前来与"学习大军"志愿者交流互动;"学习大军"志愿者先后应邀参加全国、省、市的 40 多场会议、讲坛,分享经验做法,持续掀起"大学习"热潮。

(4)线下宣讲,覆盖面由广及深

"学习大军"还深入基层,广泛开展一系列线下宣讲活动,着力推动新思想宣传家喻户晓。党的十九大胜利闭幕后,"学习大军"第一时间成立宣讲小分队,宣讲党的十九大精神,受众近万人;党的十九届五中全会、十九届六中全会、党的二十大胜利召开后,组织在展室、乡村、社区等地开展针对性宣讲。"宁德市理论宣讲轻骑兵"通过群众喜闻乐见的形式,开展理论宣传宣讲;利用宁德市 2074 个农村广播"村村响"为载体,开办"空中课堂";"宁小团"学习志愿者突出青年宣讲特色,结合自身奋斗故事解读党的创新理论。近年来,团队累计开展理论宣讲逾 4 万场,受众 300 多万人次。

(5)坚持不懈,关注度由低到高

团队成立之初,困难很多,但志愿者们没有因此放弃或退缩,而是凭借一股韧劲,志愿奉献,创新方法手段,深入研究阐释,扎扎实实推动学习领会习近平新时代中国特色社会主义思想入心入脑,走出了一条网上理论宣传的新路子,得到各级领导重视和支持,受到社会各界广泛关注和一致好评。

2015 年 2 月 4 日,求是网刊文《六个"学习"专栏成为网上"明星"》指出:"'学习大军'发自草根,传递正能量,文章讲究精巧、鞭辟入里,被数亿人次阅读,从 800 多万个账号中脱颖而出,成为全国最具影响力的三个'学习'微信公众号之一。"2015 年 12 月,中宣部《宣传工作》和《人民日报》先后刊发"学习大军"经验文章,

▲ 2020年12月11日，中央网信办主办的"学习大军"理论网宣基层经验交流会在福建省宁德市成功举行

并配发评论文章。2016年6月14日，福建日报头版头条刊发《"学习大军"正发力》长篇通讯，专题报道学习大军。中新社、中青网、东南网、南方周末等数十家媒体专题报道学习大军事迹。2016年以来，"学习大军"陆续获评2015年度今日头条"最具传播力政务头条号"、全国100个"最佳志愿服务组织"称号、福建省2016年度"学雷锋活动示范点"、第十三届"福建青年五四奖章集体"称号、100个2016—2017年度(第一批)全国网络社会组织品牌项目、百名网络正能量榜样称号等，2020年11月受中宣部表彰，获评2020年全国优秀理论宣讲公众号。2020年12月11日，中央网信办在宁德召开"学习大军"理论网宣基层经验交流会；2020年12月14日，中央网信办地方网评工作会议上，"学习大军"再次作典型发言。

从无到有、由弱到强、由小到大、由广及深、由低到高……"学习大军"坚持践行习近平总书记倡导的"滴水穿石"闽东精神，把学习宣传习近平新时代中国特色社会主义思想这件大事不断做广、做细、做深。

（三）人民团结奋斗的共同思想基础进一步巩固

■1. 龙岩市"双百"网上主题宣传活动

2021年3月，习近平总书记在福建考察时强调，福建是革命老区，党史事件多、红色资源多、革命先辈多，开展党史学习教育具有独特优势。龙岩市委网信办进一步深入学习宣传贯彻习近平新时代中国特色社会主义思想，认真贯彻落实习近平总书记来闽考察重要讲话精神，围绕中心、服务大局，创新推出"百名闽西共产党员英烈风采""百村支书话振兴"网上主题宣传活动，采取实地采编、边采边播的形式，通过网络展示闽西丰富的红色资源、乡村振兴的典型成效，推进党史学习教育走深走实，助力闽西革命老区高质量发展示范区建设，为迎接庆祝党的二十大胜利召开营造良好的网上舆论氛围。其中，"百名闽西共产党员英烈风采"网上展示做法被中央党史学习教育简报第242期刊载。

（1）小故事展现大主题

为庆祝建党100周年，大力唱响共产党好、伟大祖国好、各族人民好的时代主旋律，传承和发扬闽西共产党员"听党话、跟党走"的光荣传统，龙岩市委网信办联合市委宣传部、市委党史和地方志研究室、市退役军人事务局等市直单位开展"百名闽西共产党员英烈风采"网上展示活动，旨在挖掘百年来闽西共产党员英烈在革命、建设、改革开放历程中用理想和信念、用鲜血和生命为党旗增添光

▲ "百名闽西共产党员英烈风采"网上展示

彩的一个个感人故事，通过新媒体在网上推送传播，推动全市党员干部群众更好地传承红色基因，传颂英烈事迹，凝聚奋进新征程的强大力量。"百名闽西共产党员英烈风采"网上展示在全市新闻网站及其"两微一端"等新媒体平台推出《郭滴人：中国农民运动的优秀干部》《何叔衡：为革命流尽最后一滴血》《陈锦辉：龙岩第一个农民党员》等100期，阅读量超400万，引起广大网友共鸣，网友留言逾1000条。

（2）小人物体现大情怀

实施乡村振兴战略，是党的十九大作出的重大决策部署。2021年是中国共产党成立100周年，又是"十四五"规划开局之年，在脱贫攻坚取得全面胜利后,全面推进乡村振兴成为实现中华民族伟大复兴的一项重大任务。为认真贯彻落实党的十九届五中全会精神,凝心聚力推进巩固拓展脱贫攻坚成果同乡村振兴有效衔接,龙岩市委网信办联合市委组织部、市农业农村局等单位开展"百村支书话振兴"网上主题宣传活动,通过实地走访、记者采访等方式,深入挖掘基层先进典型,展现百名优秀村(社区)党组织书记带领群众在脱贫攻坚、乡村振兴等工作中取得的显著成效和切实让农民富起来、农村美起来、农业强起来的典型事迹、经验做法,推动全市更好地乘着党中央、国务院大力支持新时代革命老区振兴发展的东风,抢抓机遇推动高质量发展和乡村振兴,不断满足老区苏区人民过上

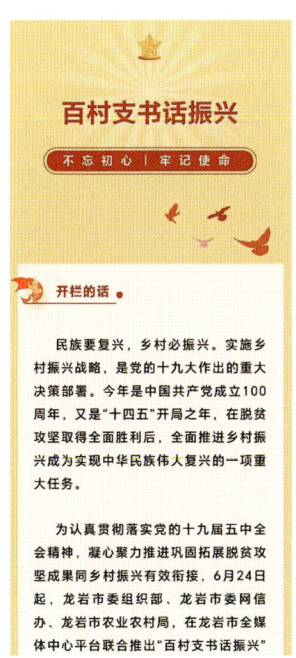

▲ "百村支书话振兴"开栏语

美好生活的新期待。全市各新闻网站及其新媒体平台刊发《新罗培斜：让乡村振兴跑出"加速度"》《漳平东坑村：蔬果飘香好"丰景"，美丽乡村在"绽放"》《连城张家营村：产业引领惠民生，高效治理促振兴》等 100 期"百村支书话振兴"主题内容,总阅读量超 80 万，网友留言逾 300 条。

（3）小切口做出大文章

进一步做好网上宣传工作，要找准宣传切口，以小见大，切实提升宣传实效，"双百"网上主题宣传活动就是为适应分众化、差异化的传播趋势而策划推出的。通过精准表述、生动语言、朴实文字，全方位、深层次讲述百名闽西共产党员英烈的光辉事迹和百名优秀村（社区）党组织书记的工作成效，立体化展现龙岩市牢记嘱托、砥砺奋进，扎实开展党史学习教育、乡村振兴等工作取得的成效，通过图文信息等方式在新闻网站及其新媒体，以及《人民日报》、新华网、学习强国、今日头条、腾讯、澎湃新闻、新浪、搜狐等网站刊发、转载，并通过微信工作群和网评队伍不断扩大宣传覆盖面，推动宣传效果最大化。

■ 2. 网上联合推送机制

福建省委网信办不断深入研究网络传播规律，持续探索建立符合本省实际的网上内容生产、传播、引导联动机制，通过机制创新，不断壮大网上主流舆论阵地，进一步巩固全国人民团结奋斗的共同思想基础。

在 2020 年新冠肺炎疫情防控期间，省委网信办组建了粉丝总数达 1900 万的新媒体传播矩阵，精准推送省委省政府重大部署和重要举措,积极传播防疫知识和一线感人事迹，及时辟谣,消除恐慌，平稳社会情绪,通过互联网极大凝聚了战胜疫情的社会力量,受到省委主要领导同志的批示肯定。2020年5月,省委网信办按照省委网信委会议要求,认真总结提炼疫情防控期间网上宣传引导工作的成功经验,在充分征求有关单位意见的基础上起草形成《关于建立网上联合推送机制的意见》,经省委领导亲自修订后印发实施。

(1) 创新亮点

网上联合推送机制致力于健全完善福建省网上正能量传播体系,巩固壮大网上主流舆论阵地,提升主流思想舆论的传播力、引导力、影响力和公信力。一是加强策划机制建设。打造网上"正能量稿池",形成新媒体"总稿库",增强网上主题宣传策划、议题设置和舆论引导能力。二是加强宣传阵地建设。坚持移动优先,积极开拓社交媒体领域,联通媒体、政务和商业传播渠道,搭建覆盖更加广泛的省、市、县三级一体化网上移动传播矩阵。三是加强网络内容建设。强化网络传播供给侧力量,深度整合全省网络内容建设资源,构造"一体化策划、多形态生成、跨渠道分发、全平台传播"的全新工作格局,不断丰富优质内容产能。四是加强各项工作保障。在省委网信委领导下,将网上联合推送机制作为网络意识形态工作的重要内容,成员单位各负其责相互配合,形成高效协调机制,确保抓出成效。

(2) 具体做法

①打造联合推送矩阵。福建省委网信办以微信公众号为基础,陆续向微博、抖音、视频号等新媒体平台发展,不断拓宽矩阵辐射范围,逐步建成覆盖省、市、县三级的新媒体传播矩阵,粉丝规模约2100万,此后每年持续拓展。

②共建新媒体工作室。福建省委网信办与中央驻闽新闻网站、省重点新闻网站以及影响力较大的省内政务新媒体合作共建新媒体工作室，指导各工作室适应多样化需求，对现有新闻资源进行深度加工，制作转化更多形态新颖、适合网络传播的新媒体产品。

③建设"正能量稿池"。福建省委网信办将各新媒体工作室制作的优质作品集纳于指定网络平台，形成"正能量稿池"，供传播矩阵内各账号随时取用推送。同时，指导各地网信部门及主流新闻媒体挖掘推荐当地优质新媒体产品，不断丰富稿池稿源多样性，提升推送传播力。

④发挥商业平台作用。福建省委网信办同微博、微信、抖音等商业平台建立良好的联系互动，充分发挥他们的渠道和流量优势，打造互动性好、传播力强、用户黏性大的社交化传播模式。

⑤建立健全考核办法。福建省委网信办建设网上传播效果监测反馈系统，对新媒体工作室生产内容的数量、质量、传播情况进行综合评估，根据网络传播动态，及时调整传播策略，引导各传播主体根据网上宣传需要有针对性地实施深度加工、精准推送和立体传播。

（3）取得成效

网上联合推送机制建成以来，福建省委网信办陆续启动新媒体工作室共建项目和网信融媒体矩阵建设项目，网站、微信公众号、头条号、抖音号、视频号等多平台账号同步上线运行，以最快速度建设形成覆盖省、市、县三级、粉丝总数超过3500万的传播矩阵。在新冠肺炎疫情防控、数字中国建设峰会、纪念全民族抗战胜利70周年、庆祝中国共产党成立100周年等重大主题网上宣传中发挥了重要作用，累计推送重要宣传稿件1000余条，网上传播总量超过

20 亿。在第四届数字中国建设峰会期间,福建省委网信办组织推送的 54 条重点内容在网上热传,峰会主话题冲上热搜榜单,在主要网络平台总曝光量超过 6 亿次,评论数近 100 万条。特别是在习近平总书记来闽调研期间,组织推送重要内容 100 余条,网上阅读量近 5 亿次,传播量创历史新高。网上联合推送机制获得 2021 年度第四届全省机关体制机制创新优秀案例征集评选二等奖。福建省委网信办将继续扩大网上联合推送矩阵规模,陆续向更多新媒体社交平台拓展,争取合作共建更多新媒体工作室,持续推动主流舆论"破壁""出圈",合力讲好中国故事的福建篇章。

二、文化培育取得新成效

文化兴则国家兴，文化强则民族强。党的二十大报告指出："全面建设社会主义现代化国家，必须坚持中国特色社会主义文化发展道路，增强文化自信，围绕举旗帜、聚民心、育新人、兴文化、展形象建设社会主义文化强国，发展面向现代化、面向世界、面向未来的民族的科学的大众的社会主义文化，激发全民族文化创新创造活力，增强实现中华民族伟大复兴的精神力量。"在互联网高度发达的今天，加强网络空间文化培育尤为重要。近年来，福建深入学习贯彻习近平总书记关于网络文明建设的重要论述精神，坚持以社会主义核心价值观引领网络文化建设，让高扬主旋律、弘扬正能量的网络文化充盈网络空间，有力营造积极健康、向上向善的网络文化。文化具有在精神层面滋养人、涵育人的强大功能，导向正确、品质优良的网络文化可以净化网络环境、丰富人民精神文化生活。中华传统文化博大精深，是网络文化创作取之不尽、用之不竭的源泉。在新时代网络文化建设过程中，福建各地结合实际，通过举办各类网络文明实践活动，推动社会主义核心价值观深入人心；通过开展一系列富有地方特色的网络文化活动，挖掘展示闽派文化魅力，带动了以"福"文化为代表的一大批优质网络文化产品的创作生产和有效传播；通过组织形式多样的网络文化节和精彩纷呈的网络文化活动，极大地丰富了人民群众的精神文化生活。

（一）社会主义核心价值观深入人心

■ 福州"爱心茶摊·致敬高温下的你"网络文明实践活动

福州自古就有盛夏为劳顿的行人施茶解渴的传统，市中心的茶亭街道就是因"昔有僧以暑月醵金煮茗饮行者"而得名。2020 年以来，福州市委文明办等部门大力贯彻习近平总书记关于走好网上群众路线的重要指示精神，借鉴福州传统施茶惠泽百姓的做法，连续三年组织开展"爱心茶摊·致敬高温下的你"网络文明实践活动，引导网友转发活动推文，为户外高温工作者募集饮用水；号召社会机构广设爱心茶摊，便利来往行人就近饮水降温。三年来，活动累计募捐并送出 180 万瓶饮用水，惠及环卫工人、建筑工人、外卖人员、交警等众多户外工作群体；广大爱心单位、企业、商家依托线下网点设立了 1100 多个爱心茶摊点位，遍布公园、商铺、道路、银行网点、职工服务站、窗口办事处等城市的大街小巷，成为服务群众、传递爱心、展现文明的亮丽风景线。

▲ "福州微文明"微信公众号"爱心茶摊·致敬高温下的你"相关推文引发百万级网友关注

（1）网络接力，爱心同频共振

线上裂变传播。盛夏福州，"炎"值爆表，户外劳动者冒着酷暑为城市添砖加瓦。为引导更多人关注户外工作者的付出，福州市委文明办依托官方微信号"福州微文明"于每年7月发起"爱心茶摊·致敬高温下的你"网络文明实践活动，市民网友只要转发活动微信推文即可为户外工作者捐赠矿泉水。与高温工作者的共情及便捷的参与方式，使活动推文发出后迅速在福州市民的朋友圈刷屏，引发爱心裂变传播，单条微信推文阅读量突破200万，活动推文累计转发量超150万。数百万福州网友参与和见证了此项活动，手指轻点下的转发操作，让市民网友通过简便的网络文明实践践行了社会主义核心价值观。

线下公益同行。与线上爱心同屏共振，线下善意全城接力。联动有关单位、机构搭好供需桥，全城接力将水送到需要的劳动者手上，让市民的爱心有着落，让高温下的劳动者感受到社会的关爱。

在良好的公益示范效应下,全市众多爱心单位、企业及各界爱心人士积极响应并参与到活动中来,捐赠饮用水达180万瓶,部分爱心商家还免费提供了便携电风扇、蜂蜜、风油精等解暑用品。活动期间,超3000多人次志愿者助力运输、发放饮用水;有村民为工人捐赠1000个西瓜,有退休干部致电主办方捐助5000元购水费……温暖的成绩单彰显了文明城市的友爱力量。

▲ 网络文明实践活动"爱心茶摊·致敬高温下的你"引起网友热烈反响

（2）整合资源,打造茶摊阵地

整合阵地资源。开设爱心茶摊网络申报热线,广纳爱心企业、爱心组织开设爱心茶摊点。2022年,共有73家爱心企业依托门店、临街办公场所报名开设了逾700个爱心茶摊点位。此外,整合各级新时代文明实践中心（所、站）、文明窗口行业单位现有阵地资源,以节俭实用、特色鲜明为实施原则,在人流密集的点位设立"爱心

▲志愿者为建筑工人送去矿泉水和蜂蜜

茶摊",扩大惠民覆盖面。

规范服务标准。统一设计爱心茶摊标识,形成品牌效应,在点位醒目位置张贴悬挂,提高爱心茶摊辨识度。按照茶摊点位基础条件进行划分,简易版提供免费茶水、医药箱,标准版提供免费茶水、医药箱、手机充电、临时休息,旗舰版提供免费茶水、医药箱、手机充电、临时休息、饭食加热等。为城市工作者和有需求的市民提供全方位立体化服务,打通服务群众"最后一公里"。

发布电子地图。上线"爱心茶摊地图",收录1100多家爱心茶摊点位信息,提供导航服务,为爱心茶摊插上信息化翅膀,实现市民网友就近就快找到爱心茶摊点位,享受消暑歇脚的便利。

（3）拓展服务,丰富活动内涵

服务中心工作。联合有关爱心企业、爱心人士主动为福州"六个城"的建设者、"爱河护水,清洁家园"行动的志愿者们送清凉,把防暑降温物资直接送到重点企业、重点项目、重点志愿服务行动现场。

延长服务时限。开展"爱心茶摊·冬季送暖"系列子活动,其中2022年12月为一线劳动者和困难群众送去防疫物资1万份。组织福州火车南站小榕树爱心茶摊等部分点位试点延长茶摊开放时间,常年开展爱心茶摊服务,提供驱寒、避暑的必要服务和设施。

丰富文化内涵。挖掘闽都文化中的爱心、公益元素,以全市爱心茶摊点位为阵地,广泛推广福文化、茶文化。2023年福州传统节日拗九节期间,为老年大学学员送上百份拗九粥和精彩的文艺演出。

常态志愿服务。推动有关文明窗口行业单位和新时代文明实践中心(所、站)把"爱心茶摊·致敬高温下的你"网络文明实践活动作为践行"我为群众办实事"的生动课堂,依托志愿福州云平台定期发布志愿服务项目,运用爱心茶摊阵地常态开展扶弱助困、宣讲宣传等各类志愿服务。

(4)三环联动,保持活动热度

"爱心茶摊·致敬高温下的你"活动时间跨度长,维持活动热度需要媒体长流水不断线地宣传报道。为此,主办方构建了"三环共振"传播矩阵:"核心环"由拥有130万粉丝的"福州微文明"微信公众号及福州日报、福州晚报等市属主流媒体构成;"中间环"以福州市网络文明联合推送宣传矩阵为主;"外环"则是以福州市融媒体智慧屏等线下传播渠道为依托。每一次的线下送水活动情报都在福州晚报专栏刊登,及时回应市民群众的关注。"福州微文明"微信公众号、福州新闻网、"掌上福州"客户端等"核心环"新媒体矩阵定期汇总阶段送水成果,辅以"中间环"的媒体转载宣传,实现福州市网友手机移动端的阅读覆盖。同时在线下,依托"外环"1000台覆盖市级和各县(市)区级市民服务中心、行政服务中心、部分高校、社区出入口的福州融媒体智慧屏宣传刊播活动相关报道，实现线上线下联动宣传的有利格局，使活动热度得以保持。

"爱心茶摊·致敬高温下的你"网络文明实践活动实施以来，仅福州晚报的报道版面就超过了21个版，活动还受到央视新闻频道、财经频道、工人日报等中央媒体关注和点赞。活动案例入选福建省党史学习教育"我为群众办实事"实践活动典型案例。

（二）网络文化产品创作生产更加活跃繁荣

1."网络名人看武夷"活动

2022年6月23日至26日，福建省委网信办、南平市委、市政府联合举办"网络名人看武夷"活动，组织20位来自全国各地总粉丝量达3.32亿的网络名人以及中央、省、市媒体记者赴武夷山市实地参访。截至6月28日，网络名人和媒体记者共创作发布相关信息近2500条，在各大新闻网站（含各央媒）、微信公众号、哔哩哔哩视频站、今日头条、新浪微博、网易、腾讯、抖音等平台上的总阅读点击量超过6.2亿，其中微博话题"网络名人看武夷"阅读量达4.1亿、讨论数达1.6万次，人民网、新华网、抖音、今日头条等重点网站平台累计点击量达2.1亿次，百度热词搜索结果达137万条。活动得到了全国网友的积极响应与转发，6月24日当日"网络名人看武夷"话题一度冲至微博同城热搜榜首位、全国热搜榜第41位，活动结束后话题总阅读量高居福建省微博热搜周榜第2位。

▲ "网络名人看武夷"活动启动现场

(1) 福建省委网信办积极筹备，展示福建精神

为贯彻落实福建省委推进"两稳一保一防"工作部署，切实助力武夷山文旅经济复苏，福建省委网信办高度重视，针对此次活动多次召开会议研究活动方案，敲定活动细节，周密部署活动有关宣传工作，落细落实活动各项任务要求。一是成立活动工作专班。省委网信办，南平市委、市政府和武夷山市相关部门多次召开碰头会，共同沟通研定活动方案，明确职责分工，敲定各项细节，确保活动前期准备充足。二是充分发挥统筹协调职能，省委网信办与省直宣传文化部门、各地市网信办加强协调联动，共同组建活动话题引导工作群，统筹做好活动报道的转发推送、互动引导等工作。三是在落实疫情防控各项要求，严格控制线下活动人数的前提下，省委网信办另选取60名粉丝数量超过50万、社会责任感强、在网络上影响力大但未参加本次活动的本省网络名人，在线上共同为"网络名人看武夷"活动宣传造势，及时发声带话题转发来自活动一线的宣

传报道，确保宣传效果不减、宣传声势倍增。

（2）主流网络名人积极发声，讲好福建故事

福建省委网信办高度重视正能量网络名人发挥的积极作用和正面效应，从经常参加中央网信办活动的正能量网络名人中遴选邀请了"锅盖头司令"等20位省内外知名正能量网络名人共同参与本次"网络名人看武夷"活动，实地探访武夷山市燕子窠生态茶园、九曲竹筏、云窝景区等地，追寻总书记的足迹，通过图文、短视频、H5等形式记录下武夷山的生态之美、生命之美、文化之美、文明之美。通过各大网站平台让广大网民仿佛身临其境般地感受武夷山的经济社会变迁，武夷山市干部群众积极打造"国际范、中国味、武夷风"旅游目的地的奋斗历程、宝贵经验和感人事迹，引发网民热议。

（3）重点新闻媒体积极宣传，打造福建特色

参加活动的中央新闻媒体和省、市新闻记者编辑认真践行新闻工作"四力"要求，走进田间地头、园区企业等基层一线，充分运用脚力、眼力、脑力、笔力进行调研式、行动式、体验式走访，真正扑下身子，沉入基层"抓活鱼"，精心采写创作出了一大批正能量、有温度、接地气，生动展现武夷山新时代新发展的新闻作品。如人民网福建频道《登天游、坐竹筏、赏非遗，网络名人齐聚武夷山掀起"云端"盛会》、新华网福建频道《"网络名人看武夷"推介"双世遗"魅力》《大多数人这样"打开"武夷山》、央视网《网络名人齐聚武夷山实地探寻"双世遗"魅力》、东南网《网络新势力齐聚武夷山开启云端盛宴》等50余篇专题报道，全面准确、多维立体展示了福建在全面推进乡村振兴的基础上，加快推进人与自然和谐共生现代化先行示范区建设的生动实践。东南网、海博 TV 客户端以"网络名人看武夷"为主题发布系列作品,吸引众多网民关注并自发转发、评论、点赞。"观八闽""网信福建"微信公众号也多次发布本次活动相关信息,其中"网信福建"微信公众号于 6 月 25 日刊发的《发挥"咖"位影响力,赋能武夷文旅新发展——"网络名人看武夷"活动启动传播量和话题达到 2.6 亿次》推文阅读量迅速逾 10 万。

(4)大型网络平台积极推广,传播福建声音

在邀请新闻媒体和正能量网络名人的基础上,福建省委网信办也协调了新浪微博、今日头条、抖音、哔哩哔哩等网络平台共同助力此次活动的宣传工作,充分发挥网络平台用户基数大、传播范围广的优势,强化宣传力度,提升活动热度。新浪对本次活动开设的"乘风破浪武夷山"微博话题予以推广,新浪微博同城热搜榜定向推送活动重要信息流 3 次。截至活动结束,"乘风破浪武夷山"新浪微博话题阅读量达到 4.1 亿,话题讨论量超过 1.6 万。今日头条、抖音、哔哩哔哩均为此次活动开设"网络名人看武夷"专题页,累计投稿量超过 1200 篇,参与讨论人数近 3 万。广大网民踊跃参与话题讨论,对如何更好地发展武夷山文旅产业、推介武夷山优质文旅资源表达自身的思考、提出看法与建议,对福建持续做大做强做优"数字经济、海洋经济、绿色经济、文旅经济"所取得的成效表示充分肯定,在网上掀起了看福建发展、说武夷美景、话乡村振兴的热潮。

■2."印象泉州"网络文化展播活动

2021年,"泉州:宋元中国的世界海洋商贸中心"被批准作为文化遗产列入《世界遗产名录》。泉州是世遗之城,是共建21世纪海上丝绸之路重点布局的15个沿海城市港口之一,是建设21世纪海上丝绸之路先行区。泉州开放包容的海洋文化遗产,向世界展现作为古代海上丝绸之路起点、世界多元宗教文化中心、华侨华人闽南文化原乡、历史文化遗产宝库等丰富的人文内涵和精神价值,促进文化的互动交流和文明互鉴。

2021年,泉州市委网信办联合闽南网开展"印象泉州"网络文化展播活动,通过网络展播平台大力宣传优秀文化,不断提升网络内容建设水平,提升泉州文创

▲ "印象泉州"网络文化展播平台

产业发展，助力文化强市建设。

（1）推动泉州文化创新性发展

近年来，泉州市深耕文化沃土，抓好文化"创造性转化、创新性发展"，实现文化"活态"传承发展，加大体制机制创新，推动文艺精品创作生产。通过树立"文化+"的理念，推动文化与旅游业、制造业、科技等领域深度融合，努力把文化瑰宝转化为发展优势，助力泉州高质量发展。

"印象泉州"网络文化展播活动旨在进一步探索实现海丝多元文化互联网交流，推动泉州文化创造性转化、创新性发展，挖掘泉州开放包容的海洋文化遗产，弘扬开拓进取的海洋精神，传承优秀闽南文化。

展播活动紧扣时代脉搏，通过网络宣传推介，鼓励优秀文化作品创作，传承发展中华优秀传统文化，以"原创优质内容+全业态媒体传播矩阵"的架构，推出了一系列优秀的文学、短视频、图片、动态长图、H5等作品，让更多网民了解海丝泉州的文化底蕴、特色文创，不断满足群众精神文化需求。

（2）根植海丝泉州文化热土

"印象泉州"网络文化展播活动，根植于海丝泉州这片文化热土。泉州拥有丰富的世界级、国家级"非遗"，保留了弥足珍贵的南音、南戏、南建筑、南派工艺、南拳等五南文化。泉州市工艺美术产业基础雄厚，产品涵盖陶瓷、石雕、玉雕、木根雕、藤铁、香制品、树脂、珠宝首饰、漆线雕等众多技艺品种。

在这片文化热土上，"印象泉州"网络文化展播活动鼓励、发动优秀创作者，通过创作大量的文学、短视频、摄影图片等作品，以及专业策划、采编、运营团队的精心策划组织，并发挥"原创优质内容＋全业态媒体传播矩阵"的优势，全力打造文化展播平台，有力宣传推介泉州，不断加强文化与创意的紧密联系，营造创新、传承、研发、对接、消费的文创产业生态环境，形成对外交流的重要平台，进一步扩大泉州文化产业发展，吸引更多的文创人才加入文化强市建设中。

通过网络，"印象泉州"成为海丝多元文化交流的重要窗口、传承闽南文化的重要平台，以及创客交流展示平台和文创产品、特色产品的集中展示平台。

（3）本土网络文化宣传阵地

"印象泉州"网络文化展播活动通过持续开展及多形式、多角度、多元化宣传推介，取得良好传播效果及影响，是本土网络文化宣传推介的重要阵地。

一是深入挖掘泉州文化，以现代人喜闻乐见的形式传承。泉州是世遗之城、海上丝绸之路起点、闽南文化的发祥地和核心区。上千年海上贸易，造就其开放、包容的城市特性，形成丰富多样的民间文化。活动发动网友通过文学、图片、视频等表现形式讲述泉州，展示泉州丰富的文化内涵，以人们喜闻乐见的形式传承泉州优秀传统文化。

二是以百姓的视角，生动讲述泉州故事。活动开展以来，持续向社会征集文学、视频、音频、图片等各类作品，让老百姓通过生动的融媒体作品去感受泉州的人文气息、展示泉州的多彩形象和风貌，发动广大网民、群众积极参与其中，共同讲好泉州故事、中国故事。

三是打造影响力平台，展示、推介泉州文化产业项目及产品。泉州历史悠久，灿若繁星的文物古迹是前人推进中国历史发展做出重大贡献的见证。"印象泉州"网络文化展播活动以"原创优质内容＋全业态媒体传播矩阵＋项目/产品展示、推介"的架构，打造具有影响力的海丝文化交流展播平台，不断提升海丝泉州的知名度和影响力，助力泉州文化产业项目及产品推广。同时，打造集产、学、研、媒为一体的优质文化平台，推动"文化＋产业"融合发展。

（4）取得良好社会反响

该项目于2021年3月推出，通过闽南网网站开发建设"印象泉州网络文化展播平台"专栏，设有"文创资讯""文化市集""文创推介""文创视图"等栏目，设计"印象泉州"项目LOGO（标志），打造"印象泉州"文化品牌，征集、创作并刊发文学、短视频、图片、H5等系列文化作品，并充分运用闽南网网站及各新媒体平台扩大传播面。

▲ "印象泉州"文创推介栏目

截至 2022 年年底,"印象泉州"网络文化展播活动共征集、创作新媒体作品 607 条,运用各新媒体平台宣传推广项目内容 1200 多条,宣传推介泉州文创特色产品 115 个,推介文创企业 42 家。2022 年全年,《"印象泉州"网络文化展播平台》栏目页面访问数据 PV、传播量达 5200 多万人次,新媒体矩阵传播总量达上亿人次,项目平台内容在各大网络平台具有较强的影响力、传播力。

展播活动开展以来,取得良好的传播效果和社会反响,2023 年 5 月,在福建省首届网络文化节上被授予"福建省十大网络文化品牌"荣誉。

■ 3. 泰宁县"福"文化网络传播活动

近年来,三明市泰宁县认真贯彻落实省、市工作部署,高度重视"福"文化宣传推广,坚持以网为媒、以文化人,开展"福"文化网络传播活动,着力打响泰宁"福"文化品牌,推进网络文明建设。

一是线下谋"福"。开设"福景、福味、福艺、福祉、福兴、福创"六大板块网络创意创作主题,策划系列推广活动。打造全国首个以"福"文化为主题的"百福馆",为"福"文化网络传播谋划造"福"。二是线上传"福"。以新媒体为视角,全媒体发力,生动形象、鲜活立体地传播泰宁"福"文化形象,持续掀起"福风福潮",繁荣网络文化。三是"互联网+"拓"福"。发挥自媒体引领作用,借助国铁"12306""天地泰宁"App 及智慧小程序等平台作用,有效提升"福"文化创造性转化,助力"福"文化传播,助推网络文化振兴。

▲ "福兔呈祥·福满乾坤"八闽大拜年首场"福见泰宁"直播活动现场

（1）强组织，齐合力，助推"福"文化网络传播

依托泰宁丰富的"福"文化资源，重点围绕"福"文化宣传推介、文化活动、文旅经济、文化产业、对外交流等方面，制定出台相关工作方案，明确推广"福"文化、打响"福"品牌、助力"福"产业发展等总体工作目标，细化职责分工，切实形成各级各部门知责明责、合力共为的良好工作局面，为"福"文化传播打下了坚实的基础。

（2）强对接，融媒体，讲好泰宁"福"文化故事

统筹媒体资源，聚焦中国金鸡百花电影节"福影·泰宁之夜"，隆重推介"闽派福剧"《大金湖》，多家央媒竞相报道；依托国铁12306App"城市之窗"及"首都窗口"北京西站等信息发布平台影响力传播泰宁"福"名片，总曝光量达1300多万次，全力打响"全

▲ "福往福来,福见泰宁"抖音达人短视频创作挑战赛启动仪式

福游"旅游列车品牌;常态化对接30余家省级以上主流媒体,全年创作融媒体精品405篇,形成强劲的全媒体、立体式宣传泰宁格局。

(3)强策划,广发动,以"福"文化造福网络生态

策划"福往福来,福见泰宁"抖音挑战赛,300多万网友"亲临"启动仪式现场。活动征集"福"文化短视频350余个,曝光量达5933.9万人次;"福"文化原创歌曲《悠游上清》全网播放量超590余万;央视《乘着大巴看中国》全方位展示泰宁福旅、福景、福艺等元素,曝光量达1070.6万人次;"福满乾坤,福兔呈祥"民俗文化直播中,7630多人参与"福语"话题弹幕互动,送出"福"礼500余份,进一步凝聚向上向善的网络文化力量。

(4)强引领,重示范,推动"福"文化网上传承

组织全国劳模、全国脱贫攻坚先进及非遗传承人等泰宁本土网

络名人,以"梅林薪火传"志愿服务队为引领,线下线上融合开展《新春走基层,送"福"进万家》《虎年福见,福"泰"康"宁"》等溯福源、走福路、拓福印、送福字、许福愿等形式多样的志愿服务活动,充分展现泰宁传统"福"文化魅力,推动形成崇德向善、见贤思齐的网络文明环境。

(5)强互联,补短板,"福"文化赋能乡村振兴

充分发挥"寻真味美叔"网络大V流量效应,重点布局打造"暖菇"品牌等6家O2O(线上线下电子商务)体验店,以"互联网+拓'福'"为切入点,多元推动"福"文化创造性转化和价值链提升;建设"智慧旅游""数字乡村"等服务平台,开发"一部手机游""祈福"专线,实现"一机在手、'福'游泰宁";开通"智慧公交、智慧上青、智慧音山"等小程序助力文明创城、乡村治理,赋能乡村全面振兴。

活动开展以来,通过"福"文化网络传播,丰富了网络文化产品供给,助推泰宁"福"文化产业链进一步延伸;促进了网络文明建设,当地劳动模范、最美人物及身边好人等先进典型参与到"福"文化网上宣传中,传递文明新气象,凝聚起网络正能量;增进了民生福祉,"互联网+"提升了基层治理能力,拓宽了百姓增收致富的渠道,把网络文明触角延伸到"最后一公里",推动群众获得感、幸福感持续提升。

■4."喜迎二十大·云端e见漳州"系列慢直播活动

为丰富和创新网络宣传形式,打造网络宣传品牌,2022年7月11日—9月16日,漳州市委网信办联合人民网福建频道开展"喜

迎二十大·云端e见漳州"系列慢直播活动。此系列慢直播活动共8场，聚焦漳州市最具特色的自然风光、文化历史、产业经济等方面，全平台阅读量超过1.5亿，取得了良好的社会反响，获得人民网地方好新闻二等奖。

（1）聚力打造"头条"热搜，汇集强大传播力

"喜迎二十大·云端e见漳州"系列慢直播共8场，分别为：聚焦华安县少数民族村落官畲村、探秘云霄县漳江口红树林自然保护区、全景俯瞰位于漳州开发区的港口码头、饱览龙海区的白塘湾景区、看首批国家非遗——漳州布袋木偶戏如何演绎指掌乾坤、现场通过诏安书画家把大美诏安画给网友看、直击东山开渔场面、邂逅南靖土楼与云水谣。其中，探秘云霄县漳江口红树林自然保护区、直击东山开渔场面、邂逅南靖土楼与云水谣3场慢直播被人民网总

▲ "喜迎二十大·云端e见漳州"系列慢直播部分海报

网微博、视频号、抖音等平台转播，阅读量均过百万。直击东山开渔场面慢直播阅读量超过 1.1 亿，被推上当天全国热搜。纵观 8 场慢直播，仅人民网全平台阅读量就超过 1.5 亿。

（2）三级媒体联动全媒体聚焦，做大做强影响力

此次活动由漳州市委网信办、人民网福建频道主办，漳州电视台、漳州市各区县网信办及融媒体中心等协办，直播平台汇集人民网、漳州电视台、漳州市各区县融媒体中心，形成央级、市级、区县三级媒体"共舞"的格局。直播活动在三级媒体的微信视频号、抖音号、微博等平台同步进行，形成多平台直播矩阵。三级媒体共同配合推动此次系列慢直播活动，不仅保证了传播效果，也很好地探索了不同层级、不同属性媒体相互配合的经验，起到了很好的互动效果。

（3）突出"慢"优势，让真实变得触手可及

在互联网时代，移动平台不断升级，开始占据更多的直播市场份额，伴随着内容和形式的创新，慢直播生态开始出现。这种直播生态和常规认知的快直播形态冲突，它所带来的自主参与体验，是"单向传播"和"选择性传播"不能比拟的，在环境、流程、细节、语言甚至动作上使真实变得触手可及。

慢直播的最大特点是"慢"，即直播时间长，能让网友细细品味。此次系列慢直播总时长为 128 个小时，平均时长达到 16 个小时，最长直播时长达到 48 个小时，有效发挥慢直播优势，让广大网友一饱眼福。

（4）多套技术融合，达到最大直播效果

慢直播因为直播时间比较长，对技术提出了更高的要求。为了

达到最大的直播效果，此次系列慢直播中，多场次不仅借用高清探头，还出动多个机位、多台航拍，有效补充高清探头画面单一的不足，也克服了多套技术融合衔接的技术难题。

例如，探秘云霄县漳江口红树林自然保护区这场慢直播，为了直播出红树林以及鹭鸟云集的壮观效果，出动10多人、4台航拍器、4个机位，从不同角度直击漳江红树林盛景，给广大网友带来一场视觉盛宴。

（5）坚持创新创意，吸引更多网友观看

慢直播本身就是一种创新性强的直播形式。播什么、怎么播，如何吸引网友停留观看，对慢直播的创意提出了很高的要求。此次系列慢直播把创新、创意摆在突出位置，得到广大网友的积极反响。例如，通过在"中国书画艺术之乡"诏安，让诏安籍知名书画家现场作画，把诏安县代表性景点画给网友看的创意广受好评。再比如，对漳州布袋木偶戏的这场直播把非遗实时表演搬进直播，这样的形式和内容都富有创造性，取得良好的网上宣传效果。

■5."山海交响·魅力宁德"系列网络主题宣传活动

为学习宣传贯彻党的二十大精神，进一步弘扬习近平总书记在宁德工作期间留下的好思想、好传统、好作风，展现宁德人民在习近平新时代中国特色社会主义思想指引下，发扬"弱鸟先飞、滴水穿石"的闽东精神，接续奋斗、苦干实干取得的突破性进展和历史性成就，2022年以来，宁德市委网信办精心组织策划"山海交响·魅力宁德"系列网络主题传播引导活动，线上线下联动取得良好城市形象宣传效果，有关稿件、视频号和主要网络社交平台互动话题累计阅读量超5.1亿，荣获"福建省网络文化十大品牌"荣誉称号。

（1）精心组织，多方联动，活动推进有力有序

一是精心策划，聚焦重点议题。以学习宣传贯彻党的二十大精神为主线，围绕宁德文旅经济、绿色经济、数字经济、海洋经济、社会民生等民众重点关注的热门议题，以线下深度体验、线上多维投放、社交话题引爆为传播思路，精心策划开展"山海交响·魅力宁德"系列网络主题传播活动6季，抖音挑战赛2场，让媒体镜头深度聚焦魅力宁德的山川湖海、风土人情、社会民生和经济产业。

二是整合资源，打造传播矩阵。通过组建全网粉丝总数7000多万的宁德市"闽东之光"新媒体联盟，进一步整合媒体平台资源、拓宽传播渠道，建立网上联合传播机制，绘制宁德市网上信息传播流程图和网络宣传矩阵基础信息库，搭建覆盖更加广泛的中央、省、市、县四级一体化网上传播矩阵，为活动的成功举办

▲ "山海交响·魅力宁德"抖音挑战赛海报

打下坚实基础。

三是争取支持，密切联动协作。向上积极争取省委网信办的支持指导，扩大活动嘉宾邀请范围，提高活动传播力、影响力，同时主动联动市内相关部门，切实强化组织保障及人员、经费保障。

（2）线上线下，齐头并进，活动报道入脑入心

注重以不同视角讲述故事，多维度开展宣传报道。线下，邀请中央、省、市、县网络媒体及宁德市新媒体联盟成员、闽东日报社融媒体中心拍客团、抖音达人、微博大V等210余人次组成参访团，搭建以主流媒体、自媒体、网红达人等多方参与互动的传播格局，探索一条"官方新闻媒体＋民间自媒体"两股力量齐头并进的传播路径。将不同视角一齐对准基层干部、产业一线、乡村现场，以不同角度共同讲述干群齐心抓发展、兴产业、创文明、奔小康的生动故事。线上，举办以"玩

▲ "玩转山海·您的宁德"抖音挑战赛海报

▲ "山海交响·魅力宁德"系列网络主题传播活动之"乡村振兴看宁德"走进福鼎芋王赛现场

转山海、您的宁德""山海交响·魅力宁德"为主题的抖音挑战赛，邀请短视频爱好者与网红达人一起去寻找、发现、记录、展现宁德的社会民生、历史人文、民俗文化、红色故事、山水风光、特色美食等，解锁宁德宝藏地标，广大网友纷纷用手机记录宁德画面，征集视频共1300余条。"山海宁德"抖音话题播放量2.6亿次、"山海交响·魅力宁德"抖音话题播放量9316万，宁德声音被广泛传播。

（3）融合传播，多维投放，网上宣传出新出彩

探索在更广范围、更深层次、更高水平上展开宣传推广，采访团成员运用文字、图片、视频、动图、网络直播等新技术新载体，中央、省、市、县四级主流媒体开展多维度、多层次、高水平的区域深度报道，总结凝练典型经验。新媒体协会成员、正能量网络达人、微博大V，紧跟网上舆论走势，借助当下短视频传播潮流玩法，在抖音、新浪微博两大主流网络社交平台创建"宁德美好生活""宁

德新跨越""来宁德看海呀""这光溜溜的饼福建人吃了400年"等10个话题讨论并推广，分享沉浸式体验及宁德美好故事，2次上榜全省热搜、5次上榜同城热搜第一名，其中，新浪微博话题"宁德美好生活"播放量突破1.1亿。此外，积极策划网络文明传播活动，邀请广大干部职工及网民朋友主动分享个人体验，发现熟悉生活区域的"陌生感"及幸福感，从小切口反映大主题。通过多渠道、多层次、多方位、多平台的融合传播，讲实内容，讲好故事，强大声量，做大流量，全面展示新时代新宁德新发展新面貌，产生不少网络爆款。其中，抖音平台视频播放量2条超800万，5条超500万，50多条超过百万。

■ 6.《老外看平潭》品牌栏目

让平潭走向世界，让世界了解平潭。2020年以来，为扩大平潭综合实验区的国际知名度、美誉度，平潭综合实验区融媒体中心特别推出 Stephy's Pingtan Travel（《老外看平潭》）栏目，系列视频在微信、facebook、YouTube 等海内外平台同步播出，与国际友人共同分享平潭风光之美，感受平潭文化之美。栏目风格鲜明，主题突出，为海外目标受众量身打造，目前共推出70余期节目，总阅读量超150万人次。

《老外看平潭》系列产品主打"旅游 + 文化推介"，由生活在平潭的马来西亚华人 Stephy（俞秀秀）出镜，分享平潭的美好体验，扩大平潭国际旅游岛的知名度、美誉度。作为一座充满开发潜力的美丽海岛，通过打造《老外看平潭》系列英文视频节目，越来越多的网友发现在中国还隐藏着一座如此美丽的岛屿，也让更多海外观

▲《老外看平潭》系列视频栏目

众了解平潭、爱上平潭。该系列视频获得学习强国双月赛二等奖、福建省新闻奖媒体融合作品三等奖、中国城市党报媒体融合奖三等奖、第十四届中国旅游电视周优秀专题片以及2022年第一届福建省电视节目创新大赛"我有好节目"创新赛三类项目等多个奖项。

（1）具体做法

立足自身优势，打造特色品牌栏目。全方位、多角度挖掘和提炼选题，增强互联网信息传播的针对性和实效性，以生动、鲜活的互联网产品，为对外宣传平潭文化营造良好舆论氛围。平潭拥有丰厚的历史文化、独特的民俗风情、奇特的海蚀地貌景观以及鲜见的海岛建筑群落，特别是岛上的蓝眼泪、石头厝、碧海长滩、百亩风车田等都是平潭所特有，也是最具品牌标识和市场号召力的，这些先天的条件为栏目的选题和内容提供了较强的策划储备和创作灵感。此外，项目邀请了在岚外国人共同出镜，通过主持人与嘉宾互动的全英文脱口秀形式来展现平潭国际旅游岛的魅力。

坚持产品为要，实施精品工程。坚持分析为先，深入分析各类互联网新闻产品，把握网络宣传重点，深挖有价值、有意义的选题，打造别具特色的新闻产品。在内容选题上，来自马来西亚的Stephy(俞秀秀)全英文出镜，多角度呈现平潭人文、自然与内涵，用平易近人的方式传播中国新景象，以外国人的视角向海外网友讲述中国故事、平潭故事，视频内容令人耳目一新。

互联网技术为媒，引爆产品传播。产品画面采用航拍机、微单、运动相机等进行拍摄，通过移动灯光进行补光。后期结合图形动画、海报等包装元素，采用快剪、延时拍摄等不同剪辑方式烘托节目效果。其中，《老外看平潭：探访老费的意大利餐厅》，栏目组邀请了在平潭创业生活的意大利服装设计师费利普共同出镜，通过马来西亚出镜主播俞秀秀的视角，使用运动相机，以Vlog（视频日记）拍摄的手段，探访费利普在平潭开设的意大利餐厅和他的服装工作室，以双机位拍摄主播Stephy(俞秀秀)以及嘉宾费利普的形式，使画面感更加丰富。

（2）栏目经验

"大主题"中寻找"小切口"。《老外看平潭》栏目每月推出一个大主题，涵盖文化、旅游、音乐、国际赛事、平潭非遗等，以出镜主播沉浸式体验的方式介绍给海内外观众，加强了平潭的对外宣传，生动俏皮的展现形式也更易被海外用户接纳，通过这种平易近人的方式传播平潭故事、中国故事。

用"小切口"讲好"大故事"。《老外看平潭》栏目从具体而微小的点切入，风格鲜明，主题突出，针对海外目标受众"量身打造"，通过Stephy(俞秀秀)全英文介绍平潭美景的方式以双语字幕呈现，在吃、喝、玩、乐、游的细微情景中"和风细雨""润物无声"地展示平潭建设发展成就，让平潭这个美丽的滨海岛屿走出国门，展现在更多海外用户眼前。

（三）人民群众网上精神文化生活日益健康丰富

1. 福建网络文化节活动百花齐放

2023年5月24日，由福建省委宣传部指导、福建省委网信办主办、厦门市委网信办承办的首届福建省网络文化节在厦门开幕。中共福建省委常委、宣传部部长张彦出席并讲话，省委宣传部副部长、省委网信办主任、省互联网信息办主任张远主持开幕式，厦门市委常委、宣传部部长吴子东出席并致欢迎辞。开幕式前，张彦参观了各地网络文化建设成果展，对福建近年在网络文化建设方面取得的显著成效给予充分肯定。

首届福建省网络文化节以"汇聚网上正能量，扬帆福建新征程"为主题。开幕式上干货满满，备受关注的福建省"十大网络文化品牌"、福建省"十大网络公益项目"、2022年度"十大福建好网民"评选结果揭晓，同时举行了"福山·福水——我把家乡唱给你听"原创音乐作品网络征集评选活动颁奖典礼。由福建省委宣传部、省委网信办共同主办的第二届福建省短视频大赛，以及"我在家乡等你来"文旅乡村网络直播、"海峡情——我把家乡唱给你听"原创音乐作品网络征集评选、"新时代·新征程"福建省十大优秀网络歌曲大赛评选等活动也在开幕式上先后启动。

来自省委宣传部、省委网信办、省委文明办、省民政厅、省农业农村厅、省文旅厅、省总工会、团省委、省妇联、省文联、中国银行福建省分行等单位领导和代表参加了开幕式。首届网络文化节引发广泛关注和积极反响,人民网、新华网、央视网、央广网等中央驻闽新闻网站及省、市级媒体均进行了报道。

福建省首届网络文化节的精彩开幕,根植于八闽各地蓬勃发展的网络文化活动,为全面推进基层网络文化建设,营造更加昂扬向上的网络文化氛围,各地网信系统近年先后举办了多届属地网络文化节活动。

福州市委网信办以"学思想、兴文化、创品牌"工作思路组织网络文化节系列活动。突出学习新思想,启动"喜迎二十大"短视频大赛、"奋进新征程,建功新时代"摄影展等网络文化节系列活动,评选出6个赛道8个方面共110个网络文明优秀案例;紧扣宣传"福"文化,开展"福满榕城,e起向未来""福地福见,福物福艺"等一系列40余项"福"文化主题活动,成立福州音乐人学会,重磅推出《福州音乐地图》《福》等歌曲,举办"诗人@福州"中秋国际云诗会等活动,打响闽都文化国际品牌;注重培育新品牌,持续打造"10点钟课堂"网络公益适老服务和"e路守护"青少年网络素养提升项目,"一老一少"数字素养提升工程入选中央网信办2022年提升全民数字素养与技能优秀案例,"爱心茶摊·致敬高温下的你""橙丝带行动"等亮点网络文明公益活动营造了向上向善的网络文化氛围。

厦门自2012年以来已成功举办十二届网络文化节,开展网络文化互动活动383项,创作21万余件网络文化精品,网上阅读量突破63亿,是福建省网络文化建设的知名品牌,入选中央网信办"网

▲第十届厦门网络文化节开幕式

信工作创新实践50例"。厦门市委网信办坚持"统筹为要",发动全市各部门、各企事业单位、高校、属地网站平台、自媒体企业等主动开展各种网络文化活动;坚持"谋划为先",每年围绕一个主题展开活动;坚持"创新为本",培养一批和厦门网络文化节共同成长的网络文化品牌,开展厦门市青少年网络文明素养大赛、厦门市中小学创客大赛、网络全媒体厦门行等全市青少年广泛参与的活动;坚持"互动为重",先后举办"互联网+青少年"系列网络文化活动、漫说厦门团史原创视频和"'声'动厦门"高校原创短视频展播、"强国复兴有我"青年学子"开放麦"等线上线下互动活动。

漳州连续三年举办市网络文化节活动。以活动为载体,坚持以党的创新理论引领网络空间,持续开展相关主题宣传,建强基层理论学习网络矩阵;坚持围绕漳州加快建设现代化滨海城市主题,开展"聚焦千百亿，聚力现代化漳州"主题宣传活动，讲好高质量发展的漳州故事；深入开展"争做中国好网民"工程等活动，做好"福满乾坤·开'漳'大吉"系列网上主题宣传，建设健康向上的网络文化。

泉州已连续举办三届市网络文化节，组织开展媒体采风行、云艺术节、非遗云展、"风度泉州"短视频展播等50多项主题活动，相关作品累计阅读量逾5亿。"姓'福'村的幸福事"系列融媒体报道聚焦泉州特色产业、绿色生态、人文风俗、近邻党建等，讲述世遗泉州的"福"地故事，相关信息传播量超千万人次；"印象泉州"网络文化展播推出新媒体作品600余个、文创特色产品115个、文创企业42家，推动泉州文化"双创"发展；"世遗泉州推荐官"抖音挑战赛吸引网民踊跃拍摄视频参与抖音话题互动，纷纷为世遗泉州代言，话题阅读量超2亿。

▲ 2022泉州网络文化节上举行的"强国复兴有我·聚焦世遗泉州"影像记录活动颁奖仪式

莆田网络文化节着重提升网络正能量宣传质效，通过"宣传、动员、出拳"三部曲，推动莆田的"精、勤、俭、孝"等真善美内容广泛传播。紧扣党的二十大宣传主线，紧贴地方特色，组织千年妈祖、千年元宵、千年非遗、千年龙舟等"四个千年"宣传专题，传播优秀莆田文化；通过策划"一个清朗空间倡议、一份网络宣传承诺、一处共创基地、一场法规培训、一系列自媒体采风"等多种通联载体，畅通传播渠道。同时，重拳出击整治网络自媒体乱象，为优化莆田营商环境营造积极正面的网上舆论氛围。

三明市自 2020 年以来以打造"三明网络文化的盛事、三明网民的节日"为目标，创新举办网络文化节，三年累计开展线上线下活动千余场次。聚焦"主旋律澎湃正能量"，开展"风展红旗·如画三明""喜迎二十大·奋进新征程"等网上主题宣传活动，参与

▲三明市第二届网络文化节总结表彰会

人数超10万人次，网上总阅读量达1亿次。聚焦"新模式助推新发展"，率先启动"县长当导游直播带货"活动，开展"帮企助农"等公益行动，推动农产品和文旅资源"上线上云"，助力乡村振兴。聚焦"真善美绘就同心圆"，成立网络文明志愿服务队伍，评选十佳好网民、自媒体等，推进群众性精神文明创建活动向网上延伸。

宁德以网络文化节为抓手，统领全年网上主题宣传，精心策划开展了6季网络主题宣传活动，邀请中央、省、市、县四级网络媒体及抖音达人、微博大V等210余人对35个示范点进行宣传推介。举办2场抖音挑战赛，开设"山海交响·魅力宁德""宁德美好生活"等10个抖音、微博话题，集纳视频作品1300多个，进入全省热搜2次、同城热搜榜第一名3次。其中2条抖音视频播放量逾800万，50多条播放量超百万，相关稿件和互动话题累计阅读量超5.1亿。

此外，龙岩网信办围绕"凝聚网络正能量，传播龙岩好声音"主题，策划开展"百名闽西共产党员英烈风采""百村支书话振兴"网上主题宣传活动，举办"网络扶贫公益行""网络大V看龙岩"等5次主题公益行活动，相关信息累计阅读量逾4.5亿；南平网信系统全方位、立体式讲好南平故事，相关报道点击量超8亿，开展"网络名人看闽北"系列活动,创新推动"大话熹游"文化"双创"项目，出品"节气里读中国"系列短视频，在网上传播中华文明，构筑中国精神；平潭综合实验区以网络文化助推文旅发展，用诗歌灯条打造"福诗海"，吸引广大网民和人民日报、新华网、中国日报等央媒关注，以"蓝眼泪"IP打造独属平潭的"蓝眼泪"名片，18场直播活动全网浏览量超1亿，策划推出全英文版《老外看平潭》系列视频，携手南平举办"山盟海誓"旅游产品发布活动和"星辰大海浪漫岛"生活周活动……

福建将继续以网络文化节为载体,"坚守网络之真、弘扬网络之善、绘就网络之美",在打造福建文化品牌上下功夫,在加强统筹推进上下功夫,持续推动全省网络文化建设再上新台阶。

■ 2.《闽言网语》短视频新闻评论栏目

为进一步提升福建省网络内容建设和舆论引导水平,更好地围绕中心、服务大局,放大正面声音,有效引导舆论,2022年,以福建省委网信办指导、各地市网信办主办、各属地相关网络媒体联合主创的方式,策划推出了《闽言网语》短视频新闻评论栏目。

目前,除省级层面由省广播影视集团融媒体资讯中心网络部制作《闽言网语》的主推视频外,全省已有6地市(福州、漳州、泉州、莆田、龙岩、宁德)开设了《闽言网语》系列栏目,初步形成省、市两级网络短视频评论矩阵,成为福建省网上舆论引导的新阵地、新品牌。自2022年1月开栏以来,省、市两级平台共推出短视频评论492期,累计播放量超7000万,数条视频阅读量超过10万,微博话题"闽言网语"阅读量达5.8亿。

（1）特点与做法

该栏目每周一期,以短视频评论方式开展新闻评论和舆论引导,每条视频1至3分钟,聚焦网民关注的热点事件、思潮倾向、舆情态势等,以主播评论的方式、贴近群众的视角和鲜活的语言、鲜明的观点,以小见大传播主流价值观,荡浊扬清,凝聚共识,有效放大正面声量。

在具体操作上，福建省委网信办负责对重大、敏感选题进行审核把关，根据各时期省委中心工作需要和网络热点变化，提出选题建议和要求；统筹各地栏目创作及传播资源，组建短视频评论传播矩阵，形成整体宣传引导合力；在重要时间节点筛选优质的短视频新闻评论作品进行矩阵推送，不断扩大福建声音的曝光率、影响力。福建省委网信办"网信福建"融媒体平台同步开设《闽言网语》短视频新闻评论栏目，精选各地优秀作品进行播发。

各地市委网信办负责对属地网络媒体制作的节目进行日常选题和审核把关，开设《闽言网语》分栏目以形成系列。如：福州的《闽言网语·福道》、漳州的《闽言网语·开漳大吉》、泉州的《闽言网语·清源评说》、莆田的《闽言网语·海评面》、龙岩的《闽言岩声》、宁德的《闽言宁说》等。各地网信系统及融媒体平台同步以多元渠道分发传播，形成网上宣传合力。

福建广播电视集团融媒体资讯中心的新媒体矩阵，包含海博TV客户端、福建新闻联播视频号、直播福建视频号以及微信、微博、抖音、学习强国等12个主流平台，根据每期具体内容，有针对性地进行平台分发，扩大栏目影响力和覆盖面。

《闽言网语》栏目还专门设计了栏目标识，各地系列分栏目在播出节目时统一使用"闽言网语"LOGO，打造福建网信的品牌形象，提升认知度、影响力。

（2）发出福建声音

栏目开播以来，注意在选题上体现福建特色，在评论中展现福建精神，发出福建声音。一是聚焦重大宣传主题主线。如在党的二十大开幕前推出《十年，与"福"同行》《来了来了！生态优等

▲全省《闽言网语》栏目形成宣传矩阵

生提交新答卷,你满意吗?》等评论,全国两会期间推出《让民营经济加速"奔跑"》等评论。二是紧跟社会重大事件。紧抓热点,推出《不知道这段历史,还咋夸航母"福建舰"?》《福建舰下水:创造新的历史,是对历史最好的纪念》两篇评论,全网浏览量突破300万。三是发挥优势加强对外传播。积极发挥福建"对台宣传第一窗口"作用,在《台湾问题与新时代中国统一事业》白皮书发表之际,推出评论短视频《台湾,我们一起带你回家!》《同宗同族同根生,隔山隔海难隔情!》等评论,展现两岸人民双向奔赴、血浓于水的真情和"我们这一代要把台湾带回家"的坚定决心。四是聚焦民生助力疫情防控。疫情期间,各地《闽言网语》栏目连续推出30余篇战"疫"评论,以最快速度、最广泛平台加强宣传引导,营造网上网下同心战"疫"的舆论氛围。《疫情当下,教资考试成为最美的"双向奔赴"》《是什么温暖了抗疫路?》等评论坚持小切口、大主题,通过接地气的评论启发理性思考、达成广泛共识。五是注重网络文明素养宣传。制作推出《不能让恶俗的网络烂梗毒害孩子》《对"自媒体"乱象重拳出击》等一批清朗网络建设相关评论,在福建省"十四五"网信发展规划出台之际,加强相关法规的通俗化解读。

一年多来,省、市网信系统努力探索提升《闽言网语》栏目制作水平,加强议题设置,采取民生视角,以更专业的评述、更生动的节目形态,着力打造这一短视频新闻评论品牌,为不断提升网上宣传引导力、不断丰富网民精神文化生活,发出了福建好声音。

3.《书香声自远》融媒体读书分享节目

习近平总书记在2022年"4·23"世界读书日致首届全民阅读大会的贺信中强调，阅读是人类获取知识、启智增慧、培养道德的重要途径，可以让人得到思想启发，树立崇高理想，涵养浩然之气。中华民族自古提倡阅读，为积极响应"全民阅读"号召，以实际行动推动全民阅读、建设书香中国，为奋进新征程、建功新时代注入强大精神力量，福建省广播影视集团融媒体资讯中心福建新闻广播精心策划、重磅推出了融媒体读书分享节目《书香声自远》。

自2023年5月31日开播至今，节目已连续推出14期，先后邀请到福建省文物局局长傅柒生、福建师范大学文学院教授孙绍振、福建医大附一医院院长康德智、福建省海洋文化中心主任苏文菁、福建省作家协会副主席钟兆云、船政史专家陈悦、非遗闽剧传承人周虹、中国工艺美术大师郑幼林等各领域名人、学者作为节目荐书嘉宾，在网上网下传播书香，产生广泛影响。

该节目每期时长1小时，通过音视频融媒体呈现，将访谈与朗读有机结合，通过实景拍摄、沉浸式采访、主播诵读、嘉宾诵读等形式，将嘉宾的奋斗故事、研究成果与推荐书目相结合，让人收获新知与感动、产生共情与共鸣。节目特点、亮点主要体现在几个方面：

（1）在内容选题上聚焦当下热点，展现文化渊源

《书香声自远》每期根据荐书嘉宾的不同身份与职业特点，做出节目的个性策划。结合不同的热点与主题，讲述典型人物的成长奋斗故事并推荐相关书籍，激发受众的文化认同感和情感共鸣，展

▲《书香声自远》部分节目海报

/ 下篇 福建网络文明建设案例与成果 /

▲《书香声自远》读者诵读

现中华优秀传统文化价值与时代内涵、精神承载。

（2）在环节设置上倡导全民阅读，讲好中国故事

节目突出嘉宾先锋引领作用，设置了"嘉宾读""主播读""大家读"等多个特色朗读环节，结合实景拍摄、沉浸式探访、现场访谈、短片歌曲穿插展示等多种形式，将阅读与个人的奋斗经历乃至福建和中国的发展故事相融合，让振奋与感动、共情与共鸣交相辉映，多维度展现阅读于润物无声中激起的电光火石，致敬图书、倡导阅读。

（3）在表达上注重网络化、年轻化，展示文化自信

节目在倡导阅读的同时，渗入个人乃至民族的精神力量，以网络化的形式，年轻化、通俗化的表达，体现敏锐的观察力和细腻的感受力，有效拉近与受众的距离，吸引大量青年受众认识中华文化，坚定文化自信。

（4）在融合传播上着力多屏共振，激发审美共情

节目以音频、视频、图文、海报等融媒体形式呈现，通过福建新闻广播、海博 TV、学习强国、I 看直播、云听等多平台多屏共振、立体传播，相关音视频节目同步播出，传播文化，激发审美共情。

（5）延伸线下公益行动，播撒书香、播种爱心

《书香声自远》不仅是一档融媒体读书分享节目，同时还配有线下大型公益行动"书声计划"。"书声计划"是福建新闻广播精心打造的品牌公益行动，7 年来，其足迹绵延至福建各地，号召社会各界为贫困山区学校捐赠爱心图书。截至目前，已设立了 33 所"爱心书屋"，不仅送去 3 万余册爱心图书，还带去独具特色的阅读公益课堂，把热爱阅读的种子种进孩子们心里，让书香不仅浸润城市，也走进乡村、山野。

在各方关怀下，如今，无论是偏远的山区校，还是曾经的贫困校，条件都得到了极大改善，节目也从当初的捐书、送书，延伸到通过融媒体力量更有效地推广全民阅读。

"在不同的人生和书声中，找寻自己前行的光和方向"，这是《书香声自远》节目的宣传词，也是节目的定位和初心。节目收听收看超 1000 万人次，每期节目的互动留言热烈，受到社会各界认可与好评，彰显了主流媒体的价值引导力、文化凝聚力和精神推动力。

中华文化讲究格物致知、诚意正心。《书香声自远》将继续丰富内涵，拓展外延，融合创新，形成"节目+活动""线上+线下"的更大合力，汇聚更多力量，以实际行动推动全民阅读，建设书香

▲ 2022年10月1日"相约九日台""献礼祖国——庆国庆民族音乐会"现场

中国，在网上网下汇聚和传承中华民族生生不息的文明。

4. 福州"相约九日台"周末音乐会

"相约九日台"周末音乐会是由福州市文化和旅游局主办、福州市文化馆承办的文化惠民工程，自2014年10月推出以来，至今已近九个年头。近年来，在秉承公益性惠民原则，坚持政府补贴，免费或低票价运作的模式基础上，福州市文化馆不断探索创新服务模式，充分发挥"互联网+"优势，通过微信公众平台开展免费在线抢票活动，借助新媒体手段开展演出直播活动，为福州市民带来丰富多彩的公共文化服务，使大家感受到了实实在在的文化获得感和幸福感。

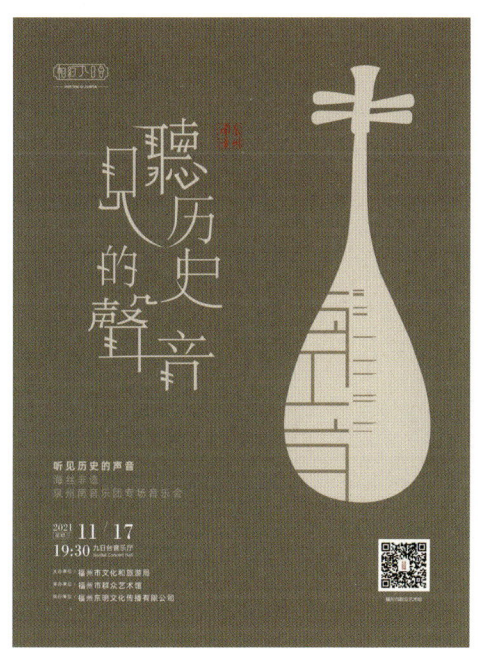

▲ "听见历史的声音——海丝非遗"泉州南音乐团专场音乐会海报

(1) 高雅演出 "艺"路前行

"相约九日台"作为福州市文化和旅游局重点打造的公益性演出品牌,为市民群众提供了更多高质量高水平的演出服务。邀请国内外权威专家举办讲座、分享心得,搭建与艺术家对话的平台,为本土音乐人和艺术学子提供宣传展示、交流互动的舞台,让高雅艺术继续贴近普通市民。2021—2022年度,演出内容更为丰富,艺术水准持续提升,更多的艺术家在九日台音乐厅留下了他们精彩的演出,其中包括:"经典咏流传"中央歌剧院声乐专场音乐会、"倾情榕城"杨曙光师生音乐会、"月光漫舞"迈克尔·索尔卡钢琴独奏音乐会、"听见历史的声音——海丝非遗"泉州南音乐团专场音乐会、"梦系红楼"1987年版电视连续剧《红楼梦》主题音乐会等,"相约九日台"这一文化惠民演出品牌已走进大众。

(2) 延伸服务 "艺"同践行

为深入推进公共文化服务均等化,不断提升市民群众在享受公共文化服务方面的幸福感和获得感,让更多普通群众成为文化生活的主角和参与者，除了在九日台音乐厅举办专场演出外，还邀请艺术家走进文化空间、书店、景区、创业中心等场地，将演出、艺术沙龙、讲座、茶话会、快闪等形式多样的延伸活动送到市民群众身边，为群众提供了零距离接触艺术的机会，增进了艺术家与观众的交流互动，丰富了广大群众的精神文化生活，深受市民群众的欢迎。

（3）网络直播　艺术共享

九日台音乐厅拥有一流的声场、绝佳的地理位置，但受限于有限座席。为打破空间限制，让更多人通过网络享受到高雅艺术，2021—2022年度，24场"相约九日台"演出项目进行了网络直播。如"经典咏流传"中央歌剧院声乐专场音乐会、"倾情榕城"杨曙光师生音乐会、"动漫国风"跨界专场音乐会、"庆国庆"戏曲荟萃名段音乐会、"月光漫舞"迈克尔·索尔卡钢琴独奏音乐会、"听见历史的声音——海丝非遗"泉州南音乐团专场音乐会、"春回福地·艺起出发"越剧专场音乐会等，在线观看人数最多时达到20万人次。线上直播、交流不仅满足了市民群众多角度的需求，还有效扩展"相约九日台"品牌的深度与广度，打破时间和空间的限制，让更多市民群众足不出户，就能体验到高雅音乐会带来的美好享受，拥有了更加高质量的网上精神文化生活。

■5. 南平"大话熹游"数字IP

朱子文化是中华优秀传统文化的重要历史根基之一，是福建南平宝贵的文化遗产，也是福建文化对中华文化乃至世界文明的一大贡献。2021年3月22日，习近平总书记来闽调研考察，来到武夷山朱熹园，详细了解朱子生平及理学研究等情况，并指出要特别重

▲动漫作品《大话熹游——春节》

视挖掘中华五千年文明中的精华，弘扬优秀传统文化，把其中的精华同马克思主义立场观点方法结合起来，坚定不移走中国特色社会主义道路。要推动中华优秀传统文化创造性转化、创新性发展，以时代精神激活中华优秀传统文化的生命力。

南平市委网信办深入挖掘南平朱子文化的深厚底蕴，以数字化为载体，精心打造"大话熹游"数字IP，推动优秀传统文化网上传播，赋能城市网络文明建设，持续打造城市网络文明典型案例。

一是精心打造城市数字IP，全面融入网络文明建设。"大话熹游"数字IP，是以宋朝理学家朱子为原型的卡通朱子形象，延伸出图片、视频、文创等一系列文化产品。在南平市委网信办的大力推动下，经过8年打磨和发展，目前该项目已组建专门项目团队，拥有专职知名设计师2名、专职画师6名、编导1名，并依托重庆大学、哈尔滨理工大学等高校智库及艺术学院建立了系统制作生产体系,从理论把关、脚本制作,到动画生产,形成了完善的flash动画(网页动画)、三维动画和VR(虚拟现实)产品等综合研发体系,拥有完全独立知识产权。卡通朱子形象曾在央视《新闻联播》中展示,在全市、全省乃至全国叫响了一定的知名度。

二是高规格开发网络文化精品,助推网络空间文化培育。南平市委网信办坚持"先认识,再认知;先有有效曝光,再有文化认同"的理念,让古代的先贤走上新舞台,演出新故事,宣传新风貌。通过卡通朱子讲述中华传统文化和南平绿色发展,让更多人了解了朱子和南平,认识朱子文化和南平绿色品牌。团队以朱子爷爷为讲述

▲ "创建全国文明城市,做文明有礼南平人"(竖版)

人，南平市委网信办先后制作了《节日》《节气》《茶》《礼》等80余集系列传统文化科普动画片以及《社会主义核心价值观》《南平十县市表情包》等系列宣传图片，相关作品得到了福建省委网信办、福建团省委、南平市朱子文化研究会等单位的指导和支持，在共青团中央、《人民日报》、央视网、中国青年网、光明网等国家级新媒体平台上推广和转载，网络总播放量超过3.5亿次，成为传播"朱子理学"中形式最新、覆盖面最广、依托平台规格最高的网络文化产品。2018年，卡通朱子正式被市委市政府确定为南平城市公用品牌的形象代言人，全方位介入南平绿色产业的对外宣传。卡通朱子数字IP荣获2019海峡两岸新媒体创业大赛"最具传播力新媒体内容"金奖；2017年，《大话熹游》动画短片获全国"最炫中国节"网络文化作品微视频类铜奖。《大话熹游——二十四节气》系列图片作品获中央网信办、中国互联网发展基金会"2016年度'五个一百'网络正能量"评选之"百幅网络正能量图片"奖。

三是创新制作网络公益宣传品，全力推进文明城市创建。结合全国文明城市创建工作，围绕"创建全国文明城市""公共文明行为引导""文明窗口""文明交通""文明旅游""文明健康""文明校风"等七个系列，南平市委网信办设计制作了100余张朱子文化主题公益海报。在海报的内容上创新使用卡通朱子形象作为公益海报统一要素，将文明城市创建倡导的当代价值与中华优秀传统文化的历史价值相契合，请"萌萌哒"的朱子为文明城市代言，并在文明标语中同步配上相应的朱子语录，不仅具有较强的视觉吸引力和社会传播力，还让传统与当代形成共鸣。在宣传发动上，不仅将海报投放在实体的宣传阵地，还在所有媒体、政务网站、新媒体平台

▲ "乡风文明"展板

上持续传播，实现朱子文化和城市文明"处处可见、事事体现、人人践行"。此外，特别针对青少年群体打造了法治、卫生、防范网络沉迷等系列宣传产品。2022年11月，《朱子爷爷普法小课堂》系列动画短片获2021年度全国政法优秀新闻作品三等奖。

四是巧用流量嫁接特色产业，有效助力脱贫攻坚。《大话熹游》系列动画作品重点关注重点扶贫县政和县的支柱产业——政和白茶，在以讲述中华优秀传统文化的系列作品中，植入"政和白茶"品牌，为其导入庞大的流量。系列动画短片的网络总播放量超过3.2亿次，为政和带来的直接品牌曝光超过1.2亿次，推动政和白茶品牌的百度搜索指数实现了翻番，政和白茶茶青价格自2016年起保持年均30%的增长,助力政和白茶产业总产值实现从6亿元到22亿元的突破。

五是精心打造村庄数字IP,深度赋能乡风文明建设。南平市委网信办根据村庄特色,融入不同的数字IP主题,协助南平多个村庄打造数字IP名片。在建阳松柏村,结合松柏村与朱子相关的历史,以数字IP为载体,在线上为松柏村开发销售App,常态销售松柏农特产品,在线下为松柏村策划系列亲子文旅体验项目,助力松柏村在短短一年内,形成月均近5万元收益的休闲农耕新旅模式。在武夷山市五夫镇,协助打造特色小镇试点,主要内容包括文旅识别体系的数字IP化融合、文旅产品的数字IP化打造、文旅体验的数

▲ "八不"行为规范

字 IP 化浸入及特色 IP 空间的建设等。在五夫镇核心区域的广告牌、宣传栏、灯杆旗中系统融入卡通朱子 IP 形象；在田园体验小火车上，卡通朱子也成了游客们乐于打卡的标识。以卡通朱子 IP 为特色，融合朱子文化的优质农副产品，在五夫众多农特产品中显得格外醒目。卡通朱子数字 IP 让广大群众记住了朱子故里武夷山五夫镇，增强了公众在文化传承中的参与感和认同感。

六是积极开展网络公益直播，推动数字公益助力乡村振兴。南平市委网信办坚持大力发展网络公益事业，通过积极争取平台方推广资源等方式，组建直播团队，推动形成了"直播 + 文创 + 传统文化 + 乡村振兴"的直播运营模式。直播团队深入各个乡村帮助农户，通过主播的公益劳动、粉丝援助筹集资金。直播团队的足迹覆盖了南平 200 多个村落，累计直播 1000 场次，直播时长达 6000 小时以上，每日直播在线累计观看用户人数近 20 万人，累计捐助物资及资金 70 余万元，仅 2020 年全国青联抗疫助农直播带货当天就销售农产品 16 万元。

三、道德建设迈出新步伐

人无德不立，国无德不兴。习近平总书记高度重视道德建设，指出："要持续深化社会主义思想道德建设，弘扬中华传统美德，弘扬时代新风，用社会主义核心价值观凝魂聚力，更好构筑中国精神、中国价值、中国力量，为中国特色社会主义事业提供源源不断的精神动力和道德滋养。"当前，互联网已经全方位融入我国经济社会发展和人民日常生活中，网络空间成为社会主义道德建设的新领域，网上行为主体的文明自律是网络空间道德建设的基础。要大力加强网络空间道德建设，强化道德示范引领，推动形成崇德向善、见贤思齐的网络文明环境。在网络文明建设进程中，福建深入学习领会习近平总书记关于网络文明建设与社会主义思想道德建设的重要论述精神，从多个方面入手，着力提高网民思想道德水平，努力营造网络空间和谐向上的道德环境。福建各地不断加强网络道德建设，通过组织开展先进典型人物及事迹的网上宣传，举办各类主题鲜明的网络公益活动，不断提升网民群体的思想道德素质；通过开展系列"好网民"工程，着力健全新时代网络诚信体系；通过举办一系列形式多样、效果显著的网络公益活动，进一步营造向上向善、诚信互助的网络道德风尚。

（一）网民思想道德素质明显提高

■福州"橙丝带行动"

"橙丝带行动"由福州广播电视台《新闻110》发起策划，福州市委宣传部、市委文明办、市城市管理委员会、福州广播电视台于2018年成功举办首届活动，至今已经成功开展五年，活动得到社会各界的积极响应和广泛参与。通过线上、线下联动的方式，"橙丝带"行动传播范围广，影响力大，营造了良好的舆论氛围。

2020年，通过《新闻110》融媒体平台优势，第三届"橙丝带行动"将市直机关、企事业单位、社会公益组织、志愿者紧密联系在一起，线下开展了启动仪式、爱心捐赠等十余场活动，将"橙丝带"的各类元素投放于地铁站大屏、共享单车等公共场所，通过广泛的户外宣传,扩大"橙丝带行动"传播范围;线上策划制作了相关微信推文、抖音、短视频等上百条，全网点击量超过千万，其中，爆款产品《72小时！福州全城爱心传递！帮助他们只需你的一次转发！》《福州这场百万级爱心接力，终于传到这里了！》在福州引发了不小的转

发热潮。第三届"橙丝带行动"关爱对象不仅限于环卫工人与生活垃圾分类工作者,还扩大到一线奋斗者、因病致贫家庭、外来务工家庭等,为助贫、助困捐赠物资近100万元。此外,"橙丝带行动"还搭建公益平台,助力福州公益事业发展。由资讯融媒体中心发起创建的《新闻110》公益平台,以"互联网+资讯服务+公益"为发展方向,未来福州公益机构、爱心单位、志愿者等可以在这里便捷交流、策划开展公益活动,助力福州公益事业发展。

2021年,第四届"橙丝带行动"在爱心公益道路上持续发力,依托第三届"橙丝带行动"上线的《新闻110》公益平台,为"城市美容师"、生活垃圾分类工作者、贫困农户等群体送去关爱与温暖。与此同时,本届"橙丝带行动"还启动了主题为"绿色福州'垃分'榕城"的福州生活垃圾分类优秀集体、个人评选活动,通过专业评审以及网络票选评选出福州市垃圾分类"三十佳"小区、垃圾分类工作"十佳"企业、"三十佳"五星垃圾分类屋与"百佳"优秀垃圾分类管理员等奖项,并推出系列融媒产品。

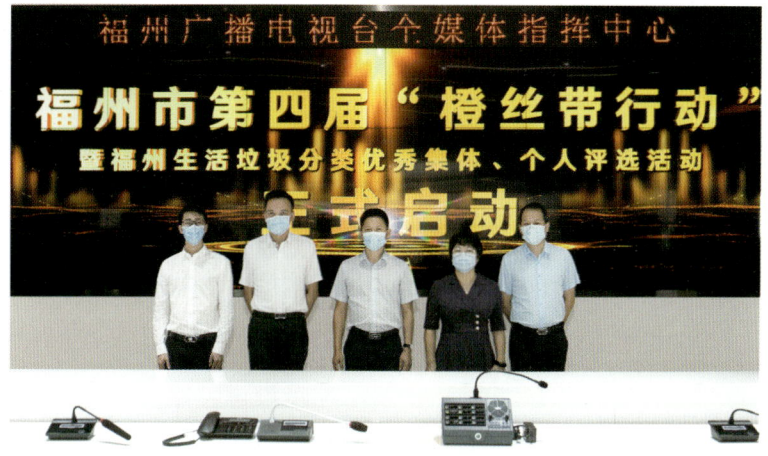

▲ 2021年福州市第四届"橙丝带行动"启动仪式

在电视节目方面,围绕"绿色福州'垃分'榕城"的主题,对参与评选的垃圾分类屋、企业、分类管理员、好经验好方法等进行电视端宣传,在《新闻110》电视节目中播发新闻报道13条。其中,《"垃分"很拉风,升级更"智慧"》《"垃分"创新风,打造标杆示范"十佳"企业》《颜值功能双在线,"三十佳"垃圾分类屋评选太"卷"了!》《"绿色福州'垃分'榕城"评选结果出炉,优秀榜样一起来看》等新闻报道受到广泛关注,营造了良好的社会舆论氛围。在网络推文与短视频方面,围绕"绿色福州'垃分'榕城"福州生活垃圾分类优秀集体、优秀典型案例及个人评选活动的启动仪式等内容,进行全程拍摄报道,在"新闻110"微信公众号、个人评选活动的启动仪式、网络投票、视频号推出融媒体产品14条。其中《谁是全市最"垃分"小区?由你来决定!快来为他们打call!》《温情开启!福州人熟悉的这抹"橙色",它又回来了!》等视频受到广泛关注。同时,依托评选活动,搭建"三十佳"垃圾分类小区以及"三十佳"垃圾分类屋等2个网络投票平台,每日统计投票结果,并将投票结果在"新闻110"微信公众号每日头条推文后实时更新。网络投票期间,参与投票的网友逾640万人次,群众反响强烈。

此外,第四届"橙丝带行动"宣传采用全矩阵推送,充分利用资讯融媒体中心"网、端、微、屏"媒体矩阵,同步发力,全覆盖式宣传,在央视新闻、新华社App、福州明珠网、福视悦动、今日头条、新浪微博等多渠道、多平台同步推送,提升节目关注度和知晓度,推动内容、平台、渠道、运营等进一步"融起来",实现了一次采集、多次生成、特色传播,新闻信息到达率、阅读率、点赞率和转发率不断提升,实现传播效果最大化,提高了市民对生活垃圾分类的知晓度、认同度、参与度,共治、共享、共创文明城市。

自2020年至今,"橙丝带行动"所倡导的关注、关爱环卫工人、生活垃圾分类工作者、贫困农户、寒门学子等群体的文明公益理念愈发深入人心,受到社会各界的广泛关注与参与,成为福州文明公益的一个象征与符号。2022年,"橙丝带行动"荣获"福州市优秀网络公益活动项目"称号。

(二)网络诚信体系更加健全,向上向善、诚信互助的网络风尚更加浓厚

■1."母亲健康1+1"救助罹患"两癌"困难妇女公益项目

乳腺癌、宫颈癌(简称"两癌")是严重威胁女性健康的"两大杀手"。福建省妇联作为全省妇女姐妹"娘家",牢记习近平总书记"在创造高品质生活上实现更大突破"的殷切嘱托,以"救助一位母亲,挽救一个家庭"的理念,发起"母亲健康1+1"救助罹患"两癌"困难妇女公益项目。项目依托省妇联"三网两微六号"网络新媒体矩阵,全省妇联组织上下联动,在遍及城乡的4万多个好姐妹微信群共同推送,有力推动项目线上线下同步开展,切实把"两癌"防治、救助信息第一时间送到妇女手中,及时掌握母亲求助信息,网聚爱心正能量。项目2017年拓展至腾讯公益平台,"支持圈"不断拓展,在腾讯公益捐款中有近60%来自省外网友。

"母亲健康1+1"救助罹患"两癌"困难妇女公益项目为全国妇联组织首创公募基金项目,专注慈善救助,历时持久、成效显著。2011年项目发起,运行至今,已形成"宣传—公募—救助—回访"的运营机制,累计募得资金9603万元,救助罹患"两癌"的困难妇女1.9万名,有效减轻了"两癌"患病妇女的医疗和生活压力,缓解了患病妇女的经济负担,给予了她们治疗和生活的信心,用实

实在在的服务凝聚人心，让党的声音响在基层、党的温暖热在基层。项目2021年获得由福建省民政厅、福建省慈善总会主办的第四届"善行八闽——公益慈善项目大赛"优秀项目奖；2019年获得由福建省民政厅、福建省慈善总会主办的第二届"善行八闽——公益慈善项目大赛"一等奖。

（1）项目运营情况

网上宣传面广情浓。发挥省妇联网络新媒体矩阵，上下联动，带动遍及城乡的好姐妹微信群，将"两癌"筛查、募捐救助信息第一时间从到妇女的手中。在"为爱奔跑·母亲健康1+1"募款活动中，积极邀请体育明星姚明、中国女排前教练陈忠和、奥运冠军刘璇等社会爱心人士分别担任项目爱心大使，拍摄公益宣传短篇、网上号召、助阵领跑，实现了百人现场参与，万人"云端"接力的生动场面，感召更多社会大众关注项目、参与项目，汇集爱心善款。

网上劝募点滴成涓。福建省妇联携手主流媒体和妇联媒体矩阵，持续推送"两癌"救助相关信息，引发社会力量的关注与参与。项目发起至今，依托妇联组织优势，入驻腾讯公益等国内知名公益平台，已动员爱心企业、爱心人士和家庭3万多人参加到"母亲天使基金"的捐赠中来，累计募集9603万元，每年获捐超过1000万元，助力"两癌"困难妇女摆脱病魔，健康生活。

网上求助渠道畅通。依托4万多个好姐妹微信群和22万妇联执委，第一时间发现罹患"两癌"困难妇女，并及时由当地妇联组织或者上级妇联组织进行审核，做好登记、录入、建档等基础工作，提出救助申请。项目始终坚持建档立卡和低收入妇女等妇女群体优先救助，把最需要帮助的对象纳入救助范围，实现精准救助，一般救助金为 5000 元，情况特殊将获得 1 万元的救助金。同时，对于申请妇女中的特困妇女，项目还积极协助申请全国"农村贫困母亲两癌救助专项基金"，获得 1 万元救助金。

网上监管阳光透明。福建省妇联、省妇女儿童发展基金会制定完善《福建省母亲健康天使基金管理办法》，规范基金募集、使用和管理，提高资金使用效益。"募款—摸底—申报—公示—审核—拨款（救助）—回访"全流程公开透明。在网络上按季度披露项目进展情况，接受公众监督。基金每年接受权威专业机构审计，结果均为良好。项目还认真做好落地监测回访机制，妇联执委和基层妇干织密服务妇女健康体系，了解救助对象医疗康复、家庭生产生活情况，将项目的关怀和温暖持续下去。

（2）工作成效

项目运行 10 年来取得了良好的工作成效，"母亲健康 1+1"品牌效应和公信力日益彰显，爱心善举不断汇聚。

筛查率大幅提高。通过网络宣传，更多妇女关注自身健康，参与"两癌"筛查，让政府关爱妇女健康为民办实事项目真正惠及每一位妇女。2020—2021 年福建省共有 69.7 万名妇女接受免费宫颈癌筛查，69.8 万名妇女接受免费乳腺癌筛查。妇女常见病定期筛查率从 2010 年的 22.3% 上升至 2020 年的 92.5%，宫颈癌、乳腺癌死亡率分别由 2010 年的 2.77/10 万、7.02/10 万下降至 2020 年的 2.47/10 万、6.82/10 万。

社会爱心不断汇聚。线上线下广泛发动社会力量参与，年均超过 10 万名网友共同参与，充分发挥慈善事业在社会保障体系及维护社会和谐稳定中的重要作用。

有力救助困难妇女。项目累计救助 1.9 万名罹患"两癌"贫困妇女,成为福建省救助保障妇女群众的一道温暖屏障。项目带动保险企业设置普惠型"女性安康险",开通绿色赔付通道,形成公益保险的风险共担与化解机制,兜住因病致贫返贫底线。现已为 174 万名妇女提供女性安康险,1746 名妇女获赔 9808 万元。

(3)社会影响

项目在"母亲健康 1+1"基础上创新升级"筛查 + 救助 + 保险 + 预防"四位一体服务链条,得到全国妇联和福建省委省政府的充分肯定和推广。

人民网、新华网、《中国妇女报》《福建日报》、福建省广播影视集团、今日头条等广泛报道"母亲健康 1+1"公益项目,聚焦"四位一体"特色做法,点击量超百万。

活动开展以来,社会参与度不断增加。随着"母亲健康 1+1"品牌效应和公信力日益彰显,累计爱心企业、爱心人士和家庭 3 万多人参加到捐赠中。港澳台及海外妇女也积极参与募捐活动中来,2020—2022 年,省海外妇女联谊会港澳台海外姐妹也通过网络捐款 191.2 万元。

2. 泉州德化"憨鼠爱心小分队"网络公益活动

什么是"憨鼠"?"鼠"就是"鼠标",代表因网络而结缘;"憨"字拆开,意为"勇敢的心",也代表一路前行的决心。憨鼠爱心小分队初建于 2004 年,小分队以几十位活跃在憨鼠社区的热心网友为骨干,依托近 30 万德化网粉丝、憨鼠社区注册会员组成。2013 年 1 月 6 日,德化网憨鼠爱心小分队在德化县民政局正式注册成立,并更名为德化县憨鼠爱心小分队。2013年成立党支部，同步在网上建立"憨鼠网络爱心党支部"，2017年升格为"憨鼠网络大党委"。党支部根据广大网友党员自身特长，组织安排财务、宣传、运输等重要任务。特别是组织一些在职党员，到论坛"上岗"，构建党员"工作在单位、活动在基层、奉献双岗位"新机制，以党建为纽带，以爱心公益为主题，以互联网为平台，在网络虚拟世界和现实世界中搭建起一座党员网民的爱心桥梁，让众多爱心人士聚集在党旗下，激扬社会正气。

（1）开展情况

"憨鼠爱心小分队"以"帮助别人、快乐自己"为宗旨，寓"乐善好施"的福建精神于志愿服务之中，依托憨鼠社区论坛，设立专门的"德化县憨鼠爱心小分队"账户，所有爱心善款筹集全部来源于网友募集，有时也利用"网上义卖、爱心团购、网上捐赠、专题募捐、直播扶贫"等方式募集，并有专门财务人员做好每次活动的财物清单，定期公布账户情况。

小分队下设爱心理发队、爱心宣传队、爱心义诊队、爱心摄影队、爱心维修队等多支分队，有针对性地开展各类社会公益活动，利用自身的技术优势，创新开辟了"线上＋线下"同频共振的网络公益新模式。线上，利用网络平台广泛收集网友求助帖、微心愿等，初步筛选帮扶对象，通过网上义卖、爱心团购、网上捐赠、专题募捐、扶贫直播等方式筹集爱心资金。同时，由爱心网友轮值，通过论坛、博客等网络平台，分享每次参与爱心行动的心得，引导更多社会热心人士参与到爱心公益活动中来。线下，进行实地探访，全方位了解帮扶对象实际情况，做到精准识别。针对五保户、孤寡老人、特

▲ "憨鼠爱心小分队"走进德化县盖德镇凤山村关爱留守儿童

困户、残疾人、贫困学子等弱势群体，分类制定帮扶计划，做到精准施策。通过德化网与憨鼠社区网络宣传平台，用舆论的力量引导更多社会热心人士参与到爱心公益活动中来。

"落入人间的天使折翼了，你会帮她重新插上翅膀让她继续飞翔吗？""不该让花季少女独自支撑风雨飘摇的家！"帮助花季少女、白血病患者、脑瘫儿、先天性心脏病患者、遭遇火灾的贫困户……小分队在网上不断发出一个个爱心活动召集帖，将爱心活动信息传递给网友。另外，小分队还积极通过网络开展具有鲜明特色的社会公益活动，累计开展环保志愿活动30多场次；广泛开展关爱老人及残疾人专项活动；走进企事业单位开展维持交通、治安、医院导行、保护生态等社会志愿宣传及实践活动40多场次；大力开展一对一助学活动，已对德化县多位贫困学生进行长期帮扶，另外针对特殊病困对象及受灾群众开展活动500多场次。

关注身边的弱势群体、困难学生，发动社会各界人士尽一份力，帮助处在人生成长关键期的孩子们，让他们能够继续接受教育。先后开展帮扶活动 9 场次，筹集善款近 20 万元。先后到美湖、水口、赤水等乡镇积极参与爱心厨房建设等活动 15 场，捐赠爱心物资 700 多件价值 35000 多元，为德化县创建爱心幸福城及全国文明城市添砖添

▲ "憨鼠爱心小分队"走进德化县湖坂村开展爱心义诊

▲ "憨鼠爱心小分队"助力抗疫送温暖

瓦。同时，针对县里的特殊情况，加大对农村留守老人房屋安全隐患的排查力度，如电线老化、楼梯年久失修、中风瘫痪扶助医疗设备等，同时也针对一些特殊困难户进行"扶智"活动，通过单位、小分队、扶农电商平台现场直播带货的方式，尽力帮助他们解决滞销问题。

疫情无情人有情。在疫情期间，憨鼠爱心小分队挺身而出，积极主动联系有关部门参与疫情防控工作，统筹运用志愿力量，做力所能及的事，引导全县志愿者科学有序开展疫情防控志愿服务工作。

（2）实践成果

"憨鼠爱心小分队"成立至今，依托网络这一特殊平台，用真诚诠释无私奉献的社会主义核心价值观，分队志愿者累计下乡开展扶贫助困活动600多次，组织大型专题爱心活动100多场，为德化弱势对象募集、发放善款善物总值1200多万元，慰问了1.2万多户（个）对象，上万人次参加爱心活动，服务总时数达25.5万小时，爱心小分队骨干志愿者人均志愿服务时间达3200小时以上。其中，2020—2023年开展"关爱留守老人"大型公益活动16场次，发放善款善物总值近130万元；帮助残疾对象120位，关爱农村留守老人，开展爱心理发、爱心义诊、爱心午餐、文艺表演等活动，排查安全隐患，送上慰问物品7000多件，共有1500多位留守老人得到关怀。

2012年，福建省电视台专程到德化录制《憨鼠日记》专题爱心节目，并在省电视台综合频道和东南卫视进行展播；2013年，小分队荣获"福建省学雷锋优秀志愿服务组织"；2014年荣获年度泉州市学雷锋示范点、第四届福建省青年志愿者优秀组织奖；德化县空巢老人"贴心驿站"项目荣获2014年度第四届福建省青年志愿者优秀项目奖；2015年6月荣获泉州青年五四奖章优秀集体奖；2018年获选全省首批百家优秀志愿服务组织；2019年6月荣获"全省扶残助残先进集体"；2021年2月25日获得"全国脱贫攻坚先进集体"荣誉称号……

■ 3. 莆田"互联网＋公益助农"行动

2020年5月1日，莆田市委网信办举行第八场网上新闻发布会。这场以"南日鲍·'鲍'你满意"为主题的"云端"新闻发布会，是该办发起建立"网帮帮"网络公益服务品牌项目以来开展的网络公益助农活动之一。"网帮帮"网络公益服务品牌项目依托互联网传播优势，整合全市网络资源力量，并联系中央、省级和兄弟地区、各行业的网络机构，构建全网性公益服务网络体系，为全市各类企业、农林牧畜海产品销售以及市民需求等提供更专业、精准、有效的求助信息发布公益服务。

（1）"网帮帮"帮助滞销冬枣打开销路

2020年2月19日，莆田市委网信办从仙游县当地媒体获悉该县大济镇坑北村果农有40万斤青枣滞销，立即组织采写图文并茂的帖文《急！莆田这个地方40万斤青枣滞销，急需关注和转发！》，通过莆田新闻等市内各类网络平台推送。东南网也于2020年3月2日发布《【闽善行·助农】莆田仙游：40万斤青枣被"困"大棚》推文。在省市网络媒体帮助下，滞销青枣一周时间就销售9万多斤。至4月2日上午，40万斤青枣已全部销出。该村干部在4月2日上午莆田市委市政府召开的全市决战决胜脱贫攻坚座谈会上，特地就此事作了介绍并表示感谢。

（2）"直销点公益售卖＋公益服务网络宣"推把流量变销量

2020年3月20日，莆田市委网信办联合市委宣传部、市农业农村局等单位举办2020年"壶兰耕读·莆田枇杷"线上枇杷节活动，组织东南网莆田站、莆田网、莆田广播电视台新媒体中心及商业平台进行网络直播，当日单观看东南网网络直播的人数近5万人，销售枇杷1128单。3月21日，福建自媒体协会帮助在海峡网上推出《抗疫助农｜"因为疫情 销售渠道断了！"莆田常太枇杷滞销，果农心急如焚……》，一天时间就帮助莆田市城厢区常太镇果农销售枇杷3700多斤。联系永辉商超集团、莆田市百盛跨境电商，采用"线上下单、少接触配送"形式，带动"圳湖枇杷"搭上互联网快车销往全国各地，实现"战疫"加"助农"双赢，让枇杷产业兴旺起来。莆田市委网信办还积极对接中央级、省级媒体，加大对"莆田枇杷"品牌的宣传力度，帮助果农销出更多枇杷。新华社播发了《福建莆田："云端"销售助农增收》的图文通稿；省电视台《新闻启示录》栏目为此专门录制、播出时长15分钟的专题节目《"云端"的枇杷》，介绍经验做法；3月23日，福建日报新媒体推送了报道《【民生】城厢：黄金枇杷销路开，果农增收不用愁》。市县融媒体中心制作了《莆田，甜了》，商业网站"看莆田"也编发了图文结合的帖文《枇杷甜了，果农却愁了！常太枇杷急盼销路，果园直发！》，帮助果农销售枇杷。

（3）推动农副产品拥抱"云端"销售

疫情期间，为严防因人员大量流动、聚集而引发病毒传播和交叉感染，避免疫情回弹反复，莆田市决定暂停清明现场祭扫活动。在此情况下，菊花等鲜花需求量锐减，导致一些花农种植的菊花滞

▲莆田市委网信办为受疫情影响的柚农组织专题直播活动

销。一位花农向莆田市委网信办反映说,自己租地种植菊花14亩多,目前有大量白色菊花难寻卖家,销路成难题,希望市委网信办能帮助发布信息,争取社会各界关注,让这些花能够尽快卖出去。2020年月31日,莆田市委网信办马上联系有开展"代客祭扫"和"代客献花"服务的仙游县福仙陵园、荔城区壶公山陵园、城厢区东风公墓管理处等殡葬经营管理机构,获取了代购菊花的需求信息,同时组织采写《【莆田市"网帮帮"公益活动】请伸出援手帮助花农销售菊花》帖文,在市内网络媒体和中央级网站、大型商业网站推送,最终缓解了菊花销售难问题。

"网帮帮"是在战'疫'助农这一特殊背景下应时而生的一个网络公益服务品牌项目,疫情期间,一边是消费者迅速增长的购物需求,一边是农副产品的传统销售渠道不畅,探索"互联网+公益助农"新路径,莆田用好政府这只"有形之手",多方聚力,推动农副产品拥抱"云端"销售,打通了当地农副产品与外界需求的双向链接,在破解农副产品滞销难题的同时,助力农民增收、乡村振兴。

■ 4. 漳州数字"印漳"赋能乡村振兴网络公益帮扶项目

漳州数字"印漳"赋能乡村振兴网络公益帮扶项目由农好康(福建)网络科技有限责任公司管理运营。该公司致力于"互联网＋乡村振兴"的网络公益服务,依托旗下"印漳"这一网络新媒体平台,通过品牌策划、产品开发、线上销售、营销推广等,着力助推乡村特色产业向融合化、组织化、品牌化和数字化转型升级,并积极投身网络文明建设、网络公益事业,为漳州全面推进乡村振兴、加快农业农村现代化作出应有贡献。

自项目开展以来,农好康(福建)网络科技有限责任公司积极整合扶持政策、网络媒体、电商平台与驻村干部、产业专家等优质资源,积极促进农业农村由"粗放生产经营"模式向"产业品牌集

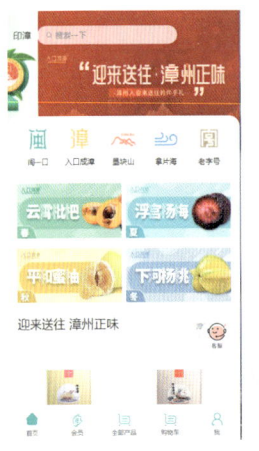

▲ 漳州数字"印漳"线上平台

群发展"模式有效转变，有力助推新农村"出圈亮相"、新农产"出村进城"、新农人"出货增收"、新乡风"出彩增色"。

（1）深耕乡村产业服务，助力"新农村"擦亮地标、培育品牌

公司依托漳州市丰富的山海资源，充分发挥各乡（镇）、村的农副产品，结合当地特色资源为其"量身定制"适合产业发展的品牌帮扶方案，并通过品牌联动、资源互享、产品开发、客源营销等方面开展多种形式的合作，协助成功申报地理标志16个，累计开发上线农特产品达174款，积极谋划扩展现代农业的外延、做强漳州农产品特色产业品牌的实现路径。同时，加大网上品牌宣传力度，借助网络平台传播快、展现形式丰富等优势，通过打造乡村区域产品品牌、短视频及图文宣发等形式，协助举办"漳州水仙花"地标产业发展交流会、漳州地标文旅发布会等，帮助平和白芽奇兰、诏安青梅、下河杨桃等优质农副产品展示展销，带动相关产品线上曝光量，线上成交销售额超20多万元，有效打响漳州特色品牌、擦亮本土地标。

（2）深拓产品网销渠道，助力"新农产"走出乡村、面向全国

主动服务各地农特产品参与各类对外参展活动，带领"闽一口"白芽奇系列产品先后亮相海峡两岸农博会·花博会、福建商博会等，"印漳"乡村特色产品、地标产品先后参加中国杨凌农业高科技成果博览会、中华品牌商标博览会等，并通过线上直播、线下参展等方式带动乡村产业、产品走出去，相关产品销售收入超100多万元。据不完全统计，通过"印漳"平台，漳州特色农产品远销全国40多个大中城市，并在9个城市有合作经销商，销售额超过300多万

元，带动了乡村产业发展，带动农户增收创收 60 余万元。

（3）深育直播带货技能，助力"新农人"懂网善用、触网出货

协助相关主管单位、各产业协会、各乡镇村开展"新农人"线上直播带货培训，其中"聚焦妇代会，奋进新征程——产业兴·巾帼行"漳州市万名"新农人"素质提升工程在云霄举行，并开展了现场直播点带货实训；与漳州市知创志愿服务团、漳州市农村青年志愿者带头人协会共同举办"双十二"线上直播活动，获得了 1.4 万人次点赞。近年来累计服务农户数 34 户，推广新技术 10 余项，举办各类农技培训活动 20 余场次，受益农民 1000 多人次，带动组建了一批爱农业、懂网络、善经营的"新农人"队伍。

（4）深养网络文明生态，助力"新乡风"敦风化俗、向上向善

主动投入网络公益事业，举办"闻香识女人，致敬漳州的巾帼英雄"等公益活动，协助举办漳州市知识产权主题宣传、食品安全宣传月、质量月宣传等宣传活动，获得了社会各界的广泛赞誉。积极参与网络文明建设活动，针对漳州本地特色产业、文化开展线上公益宣传，推出一系列短视频内容产品，其中《入口成漳》短视频传播量超 100 万人次，入选国家知识产权局组织的 2021 年度知识产权创新短视频项目二等奖，入围"喜迎二十大·一起向未来"福建省短视频大赛（普通组）。

▲ 2022漳州市万名"新农人"素质提升工程活动及现场直播点带货实训

■ 5. 三明"网聚正能量"公益行动

近年来,三明市委网信办充分发挥统筹协调、牵头抓总职能作用,积极探索"互联网+公益"新模式,以助力三明革命老区高质量发展示范区建设为主线,以三明市网络文化节为载体,策划开展"网聚能量"公益行动,持续传递网络正能量,营造良好网上舆论氛围。项目成功入选2022年中国新媒体联合公益行动公益案例和福建省十大网络公益项目。

（1）开展"县长当导游直播带货"活动

紧跟时代步伐,依托"助农联盟",结合"福建影响力"系列活动,在全省率先启动"县长当导游直播带货"活动,推动农特优产品和县域文旅资源"上线上云",巩固拓展脱贫攻坚成果,全面

▲三明市"县长当导游直播带货"活动在三明永安举办

推进乡村振兴。据统计，6 场直播活动共吸引 575 万人次观看，线上线下总销售额（含订单）近 800 万元。相关经验做法登上中宣部《学习与交流》2021 年第 1 期(《"直播带货"走向小康生活新路径》)，并在学习强国、人民日报客户端、福建日报等平台刊登。

（2）开设"帮企助农"平台

开通"帮企助农"新闻热线，利用网络传播优势，面向全市征集农副特产品、商品滞销的线索，经核实报道后，积极发动热心网友、协调有关部门，联动各大电商平台，全力做好销售帮扶工作。成功帮助三元区销售 156 万斤滞销柑橘，帮助泰宁县销售千斤滞销猕猴桃；助力沙县"蛋定青年"撬动创业青春；以"互联网＋农特产品"直播带货的新形式，扩大沙县小吃推广范围，销售沙县拌面、沙县花生酱、沙县饺子醋等，帮助当地农民增收致富。

（3）挖掘培育本土"明星账号""明货好物"

在东南网开设专栏，陆续推出"网红"系列报道。依托三明市

▲ "福建自媒体大V·网络扶贫公益行"暨"福建影响力"活动走进三明泰宁

第三届网络文化节和首届网络主播大赛，掀起一场以赛育人、以赛促产的电商直播热潮。截至目前，三明市抖音注册账号粉丝量达万人以上级别的已有 1000 余个。常态化开展网络名人采风活动、"我为家乡带货"网红公益活动，组织本地自媒体走进县城、乡村，通过直播、短视频等方式，讲好三明市贯彻新发展理念，发挥绿色生态优势，坚定不移推动绿色发展的生动实践故事。

■ 6. 龙岩"红古田"网络扶贫公益行动

2020 年 6 月，为充分发挥互联网在脱贫攻坚奔小康中的作用，助力龙岩特色农产品线上线下宣传推广和销售，营造闽西老区苏区"人人关注扶贫、人人参与扶贫、人人支持扶贫"的良好氛围，在福建省委网信办指导下，龙岩市委网信办联合龙岩市委宣传部、龙岩农业发展有限公司等单位开展了"'红古田'网络扶贫公益行"活动，取得良好网上宣传效果。

（1）媒体报道助推活动曝光度

活动邀请了东南网、闽西新闻网和各县（市、区）融媒体中心等省、市、县三级网络媒体记者 26 名及新浪微博连线记者等 15 位省内正能量自媒体代表参加。各媒体记者和自媒体代表通过网站、

▲ 2020 年 6 月 10 日，"红古田" 网络扶贫公益行启动仪式在龙岩市连城县举办

微博、微信公众号、抖音、直播等形式宣传推介当地农产品、激励性扶贫项目和农产品展销中心，共发布原创文稿 210 多篇、图片近千幅、短视频 24 个、直播 2 场，相关新闻和信息被人民日报 "人民号"、央视影音和新浪、搜狐、腾讯、网易、抖音、今日头条、华人头条以及中央网信办门户网站、中国福建三农网等 87 家网络媒体发布和转发 450 余篇次，其中主流网络媒体和知名网络平台 42 家。启动仪式报道在福建电视台综合频道《午间新时空》和东南卫视《福建卫视新闻》推出。

（2）话题互动带来助农大流量

经 87 家网络媒体发布或转发的新闻和信息，总阅读（播放）

量近2000万。其中《人民日报》"人民号"发布的《'红古田'网络扶贫公益行在龙岩启动》阅读量12.2万,华人头条转发的《省、市网络媒体记者、自媒体代表齐聚龙岩,助推网络扶贫!》阅读量超7万。活动期间,《闽西日报》6条抖音总播放量超20万。新浪网播发、转载活动相关新闻阅读量达537万。话题"红古田网络扶贫"成为新浪微博热门话题,阅读量达734万,网民积极参与话题讨论,纷纷为活动点赞。

(3)公益助农增强农户获得感

三天时间,媒体记者和自媒体代表深入连城、长汀、上杭等地,对连城白鸭、长汀河田鸡、上杭黑山羊等30多种特色农产品进行

▲农户向媒体记者和自媒体代表推介农产品

重点宣传推介，同时宣传当地助农脱贫的好经验、好做法。如宣传推介上杭县湖洋镇的华润五丰生态循环农业产业园项目，利用当地的产业、区位优势，把产业扶贫作为贫困户脱贫增收的主抓手，探索建立了"央企+合作社+建档立卡贫困户"三级联动的脱贫新模式，每户贫困户每年可增加4000元的经济收入。活动获得当地农产品生产企业及农户的高度肯定。

　　龙岩市委网信办在成功举办此次活动的基础上，认真总结经验做法、周密策划，围绕打好"五张牌"、建设新龙岩目标，不断深入挖掘闽西红色文化、客家文化内涵，策划开展了"聚焦老区发展网媒走进闽西""网络大V看龙岩"等一批正能量、高质量、大流量的网上主题宣传活动，持续深化拓展网络公益工程，推进网络文明建设，传播向上向善网络正能量，为闽西革命老区高质量发展示范区建设营造良好的网上舆论氛围。

四、文明素养得到新提高

网民作为网络活动的主体,其文明素养不仅与网络文明建设水平息息相关,更进一步影响社会文明程度。中共中央办公厅、国务院办公厅《关于加强网络文明建设的意见》中明确提出,要加强网络空间行为规范,培育符合社会主义核心价值观的网络伦理和行为规则,着力提升青少年网络素养,健全防范青少年沉迷网络工作机制,保护青少年在网络空间的合法权益。要强化网络平台责任,加强互联网行业自律,构建网络行为新秩序。近年来,福建深入贯彻落实《意见》相关要求,大力推进网络文明素养建设,将加快网络文明规范体系建构、培育和提升网民网络素养、加强互联网行业自律作为一项重要工作。

福建各地、各部门围绕网络文明建设目标，逐步完善网络文明规范，引导网民树立遵德守法、文明互动、理性表达的网络文明意识，不断夯实新时代网络文明建设的道德基础；通过举办各类青少年网络文明素养知识普及活动，让网络文明素养教育进课堂、进家庭、进社区，引导青少年养成良好的上网安全意识、掌握必备的防范技能、养成健康的用网习惯，有力提升青少年网络文明素养；通过常态化开展网络执法，监督引导网络平台和互联网行业进一步加强行业自律，建立完善行业自律公约，广泛凝聚社会共识，共建共享网络文明。

（一）网络文明规范体系初步建立

1. 莆田网信工作六步走

近年来，莆田市委网信办从六个方面扎实推进网络文明建设，打造属地网络空间文明新高度。

（1）开展网络主题宣传，画好文明同心圆

莆田市委网信办发起"百课 百歌 百画"致敬辉煌百年——莆田市庆祝中国共产党成立100周年主题网络征集展示活动，活动官网点击量超过300万人次，组建莆田学院马克思主义学院宣讲队伍，开展党史课网络直播，点播量超18万人次；制作党史专题宣讲微视频（含AI视频）79个，全平台总播放量超1500万次；征集到超过180多条"百歌"作品，全平台播放量超过1800多万次。市县两级网络媒体持续做好《习近平在福建考察调研》《奋斗百年路 启航新征程》等129个专栏专题报道，全网阅读量超2300万。举办"喜迎二十大·莆田这十年"全市短视频大赛，展示莆田市决胜全面建成小康社会、决战脱贫攻坚取得的巨大成就，挖掘妈祖文化、家风家训、乡贤文化的时代价值，激发爱国、爱乡之情，为党的二十大胜利召开营造良好网上舆论氛围。大赛征集到1007条短视频作品，展播300多个作品。同时，组织开展"木兰溪综合流域治理"网上主题宣传报道，不断推进习近平总书记生态治理理念"木兰溪样本"的宣传热度，提高网民对"绿水青山就是金山银山"的认同感；开展"保护好湄洲岛"网上主题宣传，不断提高妈祖文化的传播力。

（2）推动网络内容建设，放大文明公约数

莆田市委网信办开展网络中国节主题宣传活动，各网站在微博加挂话题18个，推出宣传莆田传统节日民俗特色作品1087个；组建"莆田新媒体反诈骗正能量联盟"微信群，集合新闻媒体和自媒体合力，推动网上反诈骗宣传，拍摄反诈骗微电影《猎手》，全网播放量超1000万；属地网站推送道德建设公益广告106条；打造莆田市第一档原创网络评论栏目"海评面"，推出《对英烈要"敬"，对法律须"畏"》等系列评论文章，全网阅读量超117万；开创"一壶兰"网络采风活动，深入宣传807团所在地澳东村等革命老村、传统村落仙游游洋天马村、国家非遗"莆田木雕"创作基地、"农村淘宝"创业基地等，把网络镜头聚焦基层一线，聚焦百姓生活；组织"疫情防控"专题宣传，2020年联合东南网莆田站推出"莆田战'疫'"短视频展播活动，全方位展示全市各条战线齐心协力、共克时艰、防控疫情的感人故事，创作推送短视频《一碗妈祖面》，呈现莆田人民行善大爱的妈祖精神以及莆台两地血浓于水的亲情，成功入选第五届"五个一百"网络正能量精品展。

（3）抓好网络生态治理，扎好文明篱笆墙

莆田市委网信办组织开展市直单位及各县区（管委会）网络工

作群专项清理工作，清理融合869个网络工作群，排查政府账号849个，建立属地新媒体账号清单；公开涉疫情谣言专用举报邮箱和电话，向属地全网发出倡议《温馨提醒广大网友：不信谣、不造谣、不传谣》，就涉疫谣言等问题约谈相关网站法人代表，治理涉疫有害信息，对相关贴文、视频进行处置。抗疫期间，共发现并协调清理各类涉莆疫情有害信息39条，其中移送公安部门9条，为做好疫情防控工作营造清朗有序的网络空间。莆田网信执法电子化、规范化、全程可溯源管理的探索做法被省委网信办列入2022年全省网信工作总结予以表扬。2022年3月，中央"扫黄打非"办公室刊发莆田市委网信办工作实绩《网络不是法外之地·福建莆田一"网红"传播低俗信息被行拘15天》；开展"MCN（即多频道网络）机构信息内容乱象整治""网络水军乱象整治"等专项行动，对6家属地涉事新媒体账号负责人进行联合约谈，移送市公安、卫健等职能部门网络养老诈骗线索4条，依法处置发布淫秽音频信息抖音账号所有人；深入莆鱼网等互联网企业、直播基地、MCN机构开展网络法治宣传，发出《规范网络行为，共建清朗网络空间》倡议书。

（4）网信助力疫情防控，写好文明"番外篇"

莆田市委网信办组织属地权威媒体和主要自媒体成立"莆田疫情防控网上文明联盟"，产出966个阅读量超过10万的网宣作品，总阅读量超过3.15亿；策划"因为'柚'你 莆田更甜"莆田市文旦柚助农公益直播活动，帮助柚农线上销售560吨柚子；加大正能量融媒体作品精品引领作用，推出《疫情防控注意事项方言赞句》等莆田方言科普素材和H5、动漫、短视频等融媒体作品以及《莆田仙游白血病患儿药品将尽 多方联动紧急送药——疫情下爱的接力》直播活动,《我们在一起》等原创流行音乐ＭＶ作品、《战'疫'·全域解封 老外点赞莆田》等外宣产品,共同弘扬正能量,成为莆田网络空间主旋律。

（5）网络评论守正创新,守护文明"舆论场"

2020年疫情初期,莆田市委网信办在全省首先发出《温馨提醒:不传谣、不信谣、不造谣》呼吁。2021年元旦推出"海评面"网络评论栏目,针对网上热点和网民关注焦点发表深度评论文章,引导网民理性思考、文明发言,推出了《莆田:用法律的威严,催生对文明的敬畏》《"戴口罩"入法为公共卫生多上一个"安全锁"》《让交通文明扎根老人心中,让悲剧不再重演》《对英烈要"敬",对法律须"畏"》等原创评论文章,得到网民的积极肯定,引起青年网民广泛共鸣,文章多次被各大商业平台转载。

（6）坚决抵制网络谣言,打好文明"遭遇战"

2020年,莆田市委网信办巧妙化解"抗疫要求不聚集"和"传统新闻发布会要求面对面"的矛盾,在全国网信系统首创"网上新闻发布会",实现"人员零见面、全程网络化",为抗击疫情、复工复产达产和脱贫攻坚等发挥网络阵地重要作用。"网上新闻发布会"受到省委网信办主要领导和市委市政府领导的肯定,共开展了"民众关心的疫情防控热点问题""金融助企新举措"等22场网上新闻发布会。2020年1月25日下午,网上出现"莆田将出现大米紧缺"谣言舆情后,莆田市委网信办组织媒体全力推送《莆田:官方紧急辟谣!不要抢大米了!》,引导网民不信谣不传谣,该文阅读量达216万次,有效粉碎了谣言,成为迅速平息抢购大米风潮的成功案例。

▲ 莆田"闽善行"网络公益项目

▲ 莆田"网络求真"辟谣项目

/ 下篇 福建网络文明建设案例与成果 /

■ 2. 人行福州中心支行"网络有边界·文明来守护"主题活动

网络空间是亿万民众共同的精神家园，但网络永远不是法外之地，只有守住道德底线与法律红线，才能保障网络空间规范运行。为此，人行福州中心支行开展"网络有边界，文明来守护"系列主题活动，引导全省人民银行系统干部职工规范网络行为，凝聚向上向善的正向力量。该主题活动旨在培育和践行社会主义核心价值观，全面推进文明用网、文明上网，实现基层央行网上网下文明建设的有机融合、相互促进，也是调动文明创建内在自觉的有益探索。

规范"网络行为"。重视加强党员干部网络行为规范教育，人行福州中心支行定期组织学习《关于规范党员干部网络行为的意见》等中央、省委有关网络安全、意识形态工作的重要文件精神，引导党员坚定政治立场，筑牢网络意识形态防线。发布《抵制网络谣言，共建网络文明》倡议书，引导员工自觉抵制谣言，不信谣、不传谣，积极传播正能量，自觉规范网络行为，做网络文明的践行者。

把握"网络边界"。人行福州中心支行制作《网络有规矩，言行当谨慎》、"宁小法普法大讲堂"之《网络发言有规矩，不当言论必严惩》等漫画、视频、新媒体作品，在电梯间视频、微信群等展播，增强网络边界意识。将网络边界意识融入日常、抓在经常，在工作例会上做好学习安排和相关提示，引导员工明确网络边界、增强安全意识，进一步防范化解风险、壮大主流声音。

搭建"网络平台"。利用互联网覆盖面广、渗透力强、传播迅速的特点，引入"互联网+"概念，设立"道德微讲堂"微信群并作为主讲堂，以部门工作微信群为分讲堂，引导员工围绕一个主题，通过精巧雅致的 PPT 课件、别具一格的情景设计、生动贴心的文字，以及听一首歌曲、诵一段经典、看一部短片、谈一段感悟、做一番点评等基本环节和课堂交流、亮党员身份、个人承诺等"N"个自选环节，加强网络文明教育。依托新媒体微道德讲堂唱响主旋律，制作《解码"十四五"，共绘新未来》，帮助员工学习领会十九届五中全会精神；党史学习教育期间以"党旗飘扬的方向"为题，引导员工赓续红色血脉；推出"身边的榜样"系列专题，开设《敢为人先，做反洗钱工匠》等讲堂，引导员工向身边的榜样看齐。播放员工原创微视频《我是央行人，我有好品行》《活跃在垄上的金融"背包"服务队》、易企秀《身边的榜样，心中的标杆》，增强融入感；以"倡文明新风，做文明有礼央行人"为主题开展道德微讲堂，在辖区刮起一股网络文明风。

唱响"网络文明"。人行福州中心支行推出"二十大精神照我心""聚焦二十大·学习新精神"等新媒体专栏，引导党员干部学精神、强使命、勇担当。开设《金融青年说》《学习精神谱系，点亮时代新程》《感悟思想伟力，践行金融为民》《党建引领促振兴，擎旗奋进绘新卷》等新媒体栏目，2020 年以来，组织全辖共举办网上宣讲 68 期，发布网络新媒体作品 500 余件。组建网络文明志愿服务队，开展"文明办网、文明上网""金融好网民"等主题活动，培育积极健康、向上向善的网络文化，积极传播正能量。积极发挥"小水滴"宁德金融志愿服务队作用，把习近平总书记大力倡导的"滴水穿石"精神作为金融志愿服务队的灵魂和动力，结合基层央行履职制作各类宣传短视频，深受群众喜爱。

完善"网上服务"。人行福州中心支行开设"普惠金融教育云展厅",开展"云厅"竞答7期,点击量达9572人次。深化外汇领域"放管服"改革,外汇业务"网上办、邮寄办、预约办"。将征信自助查询网点地址加入百度地图,方便群众办事。

活动开展以来,通过搭载思想道德教育平台,将"互联网+"与"道德讲堂"有机融合,创设"新媒体道德微讲堂",用用更多优秀网络作品占领文化阵地、充实精神世界;通过开展网络文明志愿服务,引导广大员工主动参与构建清朗网络空间,维护网上信息传播秩序,在网络空间弘扬主旋律、发出好声音、传递正能量;通过完善网上金融服务,深化群众性精神文明建设,让互联网成为民意传达的介质,不断提供优质服务,更好地展示了人行福州中心支行的文明形象。

(二)青少年网民网络素养不断提升

1. 厦门市青少年网络文明素养大赛

厦门市从2020至2023年面向全市中小学生举办厦门市青少年网络文明素养大赛。大赛由厦门市委网信办、厦门市教育局主办,厦门网承办,通过参与感强的活动方式,让青少年近距离触摸网络,提升青少年网络素养、数字技能与网络安全意识,帮助青少年正确处理网络与学习、交友、生活的关系,进一步培育"校园好网民",推动厦门网络文明建设。

历经三年精心培育,厦门市青少年网络文明素养大赛已成为参与度高、覆盖面广、影响力深、号召力强的品牌赛事,深受广大青少年喜爱,得到了学校、家庭、社会的大力支持与广泛好评,2021

年厦门市青少年网络文明素养大赛荣获第十届厦门网络文化节特别奖。随着历年赛事的不断探索，厦门市青少年网络文明素养大赛形式日益丰富，内涵不断拓展，正努力打造成为网络文明素养领域的品牌赛事。

（1）形式多样，激发参与热情

目前，厦门市青少年网络文明素养大赛设置了演讲比赛、创意绘画线上活动、网上知识竞赛等赛项，演讲比赛采用线上初赛、线下决赛的比赛形式；创意绘画活动采用线上展示、线下原文件评审形式。以演讲和绘画这两种广大青少年较为熟悉的形式组织比赛，可以极大地提升中小学生的参与度，让学生在不影响学习的情况下，准备比赛、参与比赛，在潜移默化中提升网络素养。大赛将网络文明素养知识与演讲、绘画相结合，让学生在掌握网络素养知识的同时，也锻炼了语言表达能力、逻辑思维能力、审美能力等，促进青少年跨学科全面发展。演讲比赛的每位选手以现场抽签的形式决定演讲的主题和内容，通过青少年的视角和语言，解读"传递网络正能量，争做校园好网民"等热议话题，增强青少年网络安全、数据安全防护意识和能力，构建安全健康的校园网络空间，做到文明上网、健康上网、绿色上网。

未来，大赛比赛模式将进行升级，由单人模式拓增组队团队模式，将通过团体赛考验青少年的策略与沟通合作能力，强调团队内部的协作配合，在交流中互补彼此网络文明素养知识，更全面地提升网络文明素养综合素质。除了常规的网络文明素养绘画、演讲比赛项目，还将增设科创类网络文明素养动漫（视频）制作比赛，通过青少年群体青睐的表现形式，激发青少年学习和传播网络文明的兴趣，有效提升赛事意义和价值。

（2）主题鲜明，紧扣时代脉搏

厦门市青少年网络文明素养大赛的演讲比赛项目设置了"知史爱党庆百年，文明上网好少年""强国复兴有我"等主题，创意绘画比赛则紧扣"传递网络正能量，争做校园好网民"等主题背景，不仅考察参赛选手的网络文明、网络安全防护、个人信息隐私保护等多方面知识，还考察他们的演讲表达能力、绘画能力、写作能力、电脑基本操作等多项能力。演讲比赛中，选手们结合自身体会，以生动的语言、鲜活的事例，从不同角度阐述了"文明上网好少年""强国复兴有我""践行网络文明，强国复兴有我"等主题所蕴含的深刻内涵。绘画大赛中，选手们发挥想象力，用色彩和图画生动诠释网络文明，共同倡导"文明上网、文明用网"的重大意义。

（3）参与广泛，实现全员覆盖

大赛参赛对象面向厦门市中小学在校学生，按照年级科学划分为三个组别，分别为小学A组、小学B组和中学组，实现小学一年级到高三年级全覆盖，并根据每个组别的参赛人员能力水平特点设置不同的参赛要求。三年来，每届大赛均吸引到全市400多所中小学参加，共收到网络作品近万件。另外，大赛还配套开展中小学网络安全教育线上讲座，围绕青少年上网过程中存在的风险、如何正确使用互联网等问题进行深入讲解，集中开展学生网络素养和网络自我保护教育，有效提高青少年的网络安全意识，引导青少年限时、安全、理性上网，学习使用文明、健康的网络语言，预防和制止青少年沉迷网络，首届大赛的网络知识答题练习超过100万人次。

（4）线上线下，促进广泛传播

厦门网搭建了厦门市青少年网络文明素养大赛网络专题（电脑

端及手机端),包含活动首页、赛事报名、赛事动态、赛事公告、线上演讲作品展示、创意绘画作品展示等板块,由厦门网特派记者

▲厦门市青少年网络文明素养大赛参赛作品

及时跟进活动和维护信息，充分展示参赛选手朝气蓬勃的精神风貌，不断增进网络文明知识的学习和交流，积极传递积极向上的网络正能量。同时，通过厦门网、厦门网厦门少儿频道及其微信公众号等平台多渠道开展网络安全宣传教育，普及网络安全知识，引导和带动全市师生积极参与，扩大宣传教育的覆盖面，增强全市师生的网络安全意识和防范意识。演讲比赛线下决赛及决赛编号抽签仪式均通过厦门网进行全网直播，无法到场的可通过在线观看直播为选手加油鼓劲，同时也可分享直播至微信、微博等交流平台，增加网络文明素养交流传播的有效途径。除自媒体平台宣传外，还将配套开展"网聚正能量·鹭岛好少年"倡议活动、"网络文明我来说"快闪活动、"厦门人的一天——校园好网民"主题内容等活动宣传，不断扩大覆盖面，多维度宣传展示网络文明素养赛事。

（5）效果显著，引发积极反响

历经三载，厦门市青少年网络文明素养大赛通过"以赛促学"，在向全市青少年有效普及网络素养知识和网络安全意识的同时，提升了家长们对培养孩子正确上网观念的认识，也推动了学校、家庭对网络安全、网络素养方面的教育成效，取得良好反响。活动得到学校大力支持，各学校以厦门市青少年网络文明素养大赛比赛文件为基准举办年段赛、校内赛，积极筛选优秀学生作品推送参加比赛展示。指导老师们表示通过指导学生参赛，帮助学生提高网上自我约束能力和自我保护意识，让网络真正成为学生们学习、生活的有益工具。许多家长也反映，通过这种活动，孩子可以更清晰地理解网络，提升合理使用网络的意识和能力，更好地引导青少年文明上网、安全上网、健康上网。

▲ 演讲比赛现场

■ 2. 福州"一老一少"数字素养大赛

福州市坚持以人为本、科技向善，深入实施网络公益工程，开展"一老一少"数字素养提升工程，深化拓展"互联网＋公益"新模式，推动形成崇德向善、见贤思齐的网络文明环境，网络文明建设日益深入人心。2022年9月，福州市开展"争当新时代青年好网民"活动图片入选中宣部等部委主办的"奋进新时代"主题成就展，2023年3月，福州市"一老一少"数字素养提升工程入选中央网信办2022年提升全民数字素养与技能优秀案例。

（1）案例背景

当前网络空间存在两种现象：一方面，广大老年群体普遍不擅使用智能手机，跨不过"数字鸿沟"而逐渐跟不上社会；另一方面，部分青少年群体沉迷网络游戏、忽视上网安全，甚至引发严重事件。

"一老一少"网络困境成为当前社会广泛关注的痛点和难点。2019年以来，福州市委网信办积极协调相关单位和部门，打造以"10点钟课堂"适老服务和"e路守护"青少年网络素养教育为主要内容的"一老一少"网络文明公益活动，着力提升青少年和老年群体的数字素养及技能，助力跨越"数字鸿沟"、共享网络文明，为建设数字福州、温暖榕城贡献网信力量。

（2）实施目标

"10点钟课堂"适老服务。福州市积极贯彻以人民为中心的发展思想，围绕老年人在网络时代衣食住行、看病就医、日常消费、防范诈骗等方面所愁所盼，联系属地互联网企业、平台、社区、社会团体，分专题组织教学和实操演练，帮助解决老年人在运用智能技术中遇到的突出共性问题，着力提升老年人群体的数字素养和技能，助力跨越数字鸿沟，共享网络文明发展成果，让老年人在信息化发展中有更多获得感、幸福感、安全感。

"e路守护"青少年网络素养教育。为深入实施"争做中国好网民"工程，福州市于2019年开始启动全市青少年网络素养提升工程，通过挂牌"青少年网络素养教育基地"、推出"青少年网络素养教育"系列微课、开展"青少年网络素养教育"进社区等一系列活动，形成家庭、社会、学校多方参与、共同监管的社会引导机制，系统推进青少年网络素养教育常态化，帮助青少年养成正确的网络使用习惯，持续提升我市青少年网络素养，形成崇德向善、见贤思齐的网络文明环境。

（3）做法经验

自2021年4月启动"10点钟课堂"以来，福州市已有市公安局网安支队、"智慧福州"管理中心、福州地铁集团、兴业银行等部门及抖音、支付宝、滴滴、肯德基、贝壳找房、朴朴、永信至诚、瑞森网安等20余家互联网企业积极响应,《10点钟课堂》已储备免费公益课程16类,实现课程点单常态化,线下开展活动常态化,惠及主城区社区老人,实现福州主城区社区全覆盖。

2022年8月,福州市委网信办联合21家头部互联网爱心企业共同发力,精心编写《10点钟课堂》老年人智能手机使用手册,并举行首发仪式。使用手册内容涵盖手机基础使用、购物支付、出行导航等方面,以图文并茂的形式,为老年人传授智能手机和生活类热门App的使用方法和技巧,助力解决老年人的"数字鸿沟"问题。该手册一经推出,立即引发热烈反响,得到广大老年朋友的喜爱。

2023年春节前夕,习近平总书记视频连线福州市福利院,关心过问老年人的身体健康和晚年生活。福州市委网信办积极响应总书记的牵挂,结合建设老年友好城市,用实际行动推动党的二十大精神落地见效。2月,以"提升全民数字素养,创建老年友好城市"为主题,"10点钟课堂"与长者食(学)堂联创活动在鼓东街道中山社区开展,并以此第一场联创活动为契机,向全市推广"10点钟课堂"与长者食(学)堂联创活动,在2023年实现市区全覆盖,并向县城延伸。同时,鼓励机关团体、互联网企业和各类网络社会组织参与网络文明建设,共同履行社会责任,持续助力丰富老年人在数字时代的各项需求,为福州创建老年友好城市贡献网信力量。截至2023年4月底,在全市累计公益发放1万册《10点钟课堂》老年人智能手机使用手册,开展70余场线下活动,惠及5000余名社区老人。

与此同时，2020-2021学年，福州市委网信办联合市教育局，上线全省首套《e路守护——青少年网络素养微课》。系列微课由福州网络安全小卫士、网信宣传大使"数娃"代言，兼具知识性、趣味性、警示性，聚焦青少年日常上网常见问题，推出《警惕网络谣言》《恪守民族宗教政策》《维护国家安全》等系列课件，每月一期在市教育局微信公众号推出，让网络文明素养教育走进校园、走进课本、走进课堂，针对性地帮助青少年养成正确的网络使用习惯，提高网络素养。同时，挂牌14所市级青少年网络素养教育基地校，在三坊七巷打造福建首家肯德基"青少年网络素养教育"主题餐厅，共同推动青少年网络素养的提升。结合国家网络安全宣传周，福州市委网信办持续推出第二季"e路守护"青少年网络素养微课，适龄范围由中小学生拓展到在校大学生，主题由"网络防沉迷"延伸至"网络安全"，制作《保护个人信息安全》《防范不良价值取向》《警惕网络诈骗》等系列课件，通过名词解释、现状描述、案例剖析、成长要点等模块，帮助青少年掌握网络安全防范知识，增强科学用网、文明上网、安全触网的意识和能力。

2022-2023学年，福州市委网信办积极谋划第三季青少年网络素养教育工作，联合市教育局召开座谈会，听取前两季系列微课开展情况的反馈，并针对如何开展好第三季青少年网络素养工作建言献策。针对已挂牌的两批34所"青少年网络素养教育基地"学校德育老师，开展网络意识形态与网络安全知识培训，不断提升基地校德育老师的网络素养。第三季活动依托新店古城遗址公园，建设青少年网络素养研学基地，通过组织校园好网民评选活动，组织青少年网络素养研学活动，持续提升我市青少年网络素养，推动网络素养教育常态化，形成崇德向善、见贤思齐的网络文明环境。

（4）成效亮点

福州市委网信办加强互动传播，充分发挥互联网"移动性"优势，通过全市中小学德育课、新东方网络课堂、融媒体屏、全市地铁等线上线下渠道强化宣传，提升网络素养教育宣传的能见度与到达率；积极通过福州市党风政风热线栏目，介绍"一老一少"数字素养提升工程开展情况，与热心市民和线上网民互动交流，听取群众意见建议，提升"一老一少"项目服务质量。

中央电视台《朝闻天下》栏目播报了福州市开展防范网络诈骗《10点钟课堂》的相关内容；中央网信办主管的《网络传播》杂志在"我为群众办实事"专栏中以《助老人跨越"数字鸿沟"，福州"10点钟课堂"来帮忙》为题，报道福州市委网信办在助老服务方面的网络文明新实践；福建省综合频道《新闻启示录》以"互联网'一上一下'的困局如何破解"为题，专题报道"一老一少"数字素养提升工程探索实践。

2022年9月，福州市委网信办在市教院附中开展"e路守护"青少年网络素养系列微课上线仪式的活动现场图片，作为全国网信系统加强网络文明建设成就的代表，入选由中宣部等部委共同主办的"奋进新时代"主题成就展；《福建日报》《福州日报》《福州晚报》在重点版面刊登福州市开展"e路守护"青少年网络素养教育的深度文章，被人民网、新华网、央广网、光明网等新闻网站及百度、腾讯、网易、新浪等平台转载，网上相关资讯4000余篇，广大网友反响热烈，纷纷跟评点赞，营造全社会共同关注、全民参与网络文明建设的舆论氛围。

▲《10点钟课堂》老年人智能手机使用手册发布仪式

▲学生在"争当新时代青年好网民"互动区积极拍照留念

■ 3. 青春正能量——新时代青年学生网络文明素养提升论坛

2023年5月15日,"青春正能量——新时代青年学生网络文明素养提升"论坛在厦门大学举行,与会代表齐聚一堂,以"提升网络文明素养 汇聚青春向上力量"为主题,就新时代青年学生网络文明素养提升进行深入探讨和交流。福建省委教育工委、福建省教育厅、省委网信办、共青团福建省委相关负责人和有关领导和专家学者、网络名人、中国青年好网民代表以及福建省18所高校有关领导、师生代表参加了论坛。

本次论坛由福建省委教育工委、福建省教育厅、福建省委网信办、共青团福建省委、厦门大学联合举办,旨在深入探讨新时代青年学生网络文明素养提升的思路和举措,引导青年学生进一步弘扬时代新风、共建网络文明,营造清朗、健康的网络空间,为网络文明建设贡献智慧和力量。

论坛上,福建省委教育工委、省教育厅、省委网信办、共青团福建省委、厦门大学联合向全省大学生发布"福建青年学生争做新时代好网民的倡议",号召福建的全体青年学生从现在做起,从自身做起,依法上网做网络安全的维护者,理性明辨做网络正义的捍卫者,文明守德做网络正能量的传播者,争做维护网络安全、捍卫网络正义、传播网络正能量的新时代好网民,携手共建网上美好精神家园。

北京师范大学新闻传播学院党委书记、教育新闻与传媒研究中心主任方增泉做了题为"大学生网络素养调查与提升策略"的专题报告。他以生动的案例、翔实的数据,分析了大学生网络素养现状,提出了提升青年学生网络文明素养的策略和方法。

沈阳城市学院绿岛舆情研究所所长郑东红，福建省政协委员、省自媒体协会会长雷希颖，第六届"中国青年好网民"、视频内容创作者朱羿文分别以"致青春：做中国网络绿水青山的建设者""为什么要提升青少年的网络素养""不够高大上，一样正能量"为题做主旨发言。当天下午，还同步举办了"新时代青年学生网络文明素养提升"圆桌论坛和"青春正能量——百大 UP 主成长之路"分享沙龙。

近年来，福建把互联网作为开展青年思想教育的重要阵地，大力开展正面宣传，引导青年科学、依法、文明、理性用网，组织动员广大青年参与网络文明志愿者行动，不断为构建清朗网络空间做贡献。接下来还将持续创新内容建设，用优质网络文化引导青少年成长；构建良好网络生态，持续开展"清朗""净网""护苗"等专项整治，用清朗网络空间护航青少年成长；加强正向激励引导，大力开展网络主题宣传和互动引导活动，引领广大青年网民树立正确的舆论观和价值观，用丰富多彩的网络实践激发青少年担当。

（三）网络平台主体责任和行业自律有效落实

1. 福建网信系统强化网络执法

福建网信系统持续深化网络生态治理，省市两级网信办共同执法，不断加强化网络执法工作力度，严厉打击破坏网络生态秩序行为，围绕违法违规涉政类有害信息、淫秽色情信息和赌博引流信息，通过警告、约谈、关停整改、行政罚款、关闭网站平台和公众账号等方式开展严格执法，进一步压实网络平台主体责任，促进行业自律有效落实。

以 2021 年度处理的某案为例。2021 年 11 月，接上级网信部门通报，福建某科技有限公司所属网站平台存有某款境外 App，存在违法有害信息。福建省网信办在初步核查基础上，立即会同、指导福州市网信办予以立案，按照法定程序对涉事企业违法违规情况进行调查核实，落实属地网信部门管理责任，压实相关网络平台主体责任。

2021 年 11 月 9 日，调查人员分别约谈公司项目经理林某、首席技术官王某，获取了执法约谈笔录、软件使用许可协议、营业执照等证据材料，随后委托福建某司法鉴定所对违法违规信息进行电子数据取证鉴定。经充分核查和集体会商研判，涉事公司违法事实清楚、证据确实充分：其相关境外 App 存在的违规内容属于《互联网信息服务管理办法》《全国人民代表大会常务委员会关于加强网络信息保护的决定》等法律法规禁止发布的内容，而涉事公司疏于管理，未采取及时有效措施进行防范，未对网站信息进行全面排查删除；在主观方面系疏忽大意，在客观方面造成了违法违规信息长时间存在于网站上，对网络传播秩序造成严重不良影响，认定其行为构成了"网络运营者未停止传输法律、行政法规禁止发布或者传输的信息"的违法行为。本案中违法行为符合"情节严重"情形，省市网信部门依据《中华人民共和国网络安全法》对其作出相应行政处罚，并于 2021 年 12 月 30 日执行到位。

对该企业的处罚不仅向各互联网公司和相关行业敲响了警钟，也释放了监管部门对破坏网络生态秩序行为的零容忍态度，充分彰显了《中华人民共和国网络安全法》的权威。正是通过一个个案件的查办，让执法部门"长牙齿"，平台账号"长记性"，以点带面，以罚促改，持续压强压实网络平台主体责任，推动行业自律有效落实，维护了网络空间天朗气清。

2022年以来，福建省网信系统持续开展打击整治养老诈骗、网络算法综合治理、规范网络传播秩序、扫黑除恶、扫黄打非、清理网上垃圾信息、网络水军专项治理、未成年人暑期上网环境整治等系列专项整治工作。其中，针对网络炫富等乱象，进一步压实网站平台信息内容管理主体责任，督促网络直播、短视频等网站平台清理处置发布浪费粮食、猎奇、炫富相关信息、账号，约谈相关博主。

全省网信系统共开展50余次网络专项整治行动，网络信息内容生态治理专项巡查17次，印发网络执法通知70余件，开展网络执法240余次，依法约谈网站平台500余家，清理各类违法违规信息120万余条，督导网站平台安全评估检查400余家次，重点约谈发布违法违规敏感不良信息的网站平台140余个，下架涉违法违规收集使用个人信息、非法引流、虚拟币交易等App 300多款，向市场监管、公安等部门移送相关线索600余条，有力营造了安全有序、积极健康的网络环境。

■2. 福建省网信领域各行业协会加强行业自律

（1）福建省网络与信息安全产业协会加强行业自律

为贯彻落实《中华人民共和国网络安全法》，营造安全网络环境，促进网络安全产业的健康、可持续发展，建设安全、可信赖的网络空间命运共同体，福建省网络与信息安全产业协会制定发布《网络安全行业自律准则》，促进行业自律。

一是提供安全、可靠的产品和服务。不生产、不销售存在后门的产品，以最快的速度响应和处理产品的缺陷和漏洞。不滥用网络安全技术能力，不参与任何未授权的网络攻击测试活动，不公布存在安全漏洞的网上系统的具体信息，不为任何违法的网络攻击提供技术、工具和资源等方面的支持。

二是保护个人信息和用户数据。在用户知情的前提下，按照最小范围和最少数量收集并按照法律法规要求保存产品运行或安全服务实施所必须的信息和数据，不利用技术或其他优势侵犯消费者或用户的合法权益；

三是反对不正当竞争行为。在经营活动中遵循诚实守信、公平竞争的原则，倡导团结协作，尊重用户的选择权，不利用用户对产品和服务的依赖搞不正当竞争，谋取不正当利益，不暗中或强制安装、使用自身产品，不恶意妨碍用户正常使用其他品牌的产品或服务，共同促进产业发展。

四是加强自主技术研发和创新能力。支持采取各种有效方式，开展网络安全行业科研、生产及服务等领域的协作，鼓励企业、科研、教育机构等单位和个人大力开发具有自主知识产权的计算机软件、硬件和各类网络产品等，逐步实现"自主可控、自主可信、自主可靠"目标，共同创造良好的行业发展环境，为网络安全行业的进一步发展提供有力支持。

（2）福建省网络直播协会发布行业自律公约

为保障福建省网络直播行业发展，引导各大媒体平台严格遵守国家有关法律、法规及政策、标准，大力推动行业自律和行业诚信建设，通过行业协调、协商与监督，进一步促进行业持续健康有序发展，在福建省委网信办指导下，福建省网络直播协会于2022年

▲福建省网络直播协会第一次会员大会

8月制定发布了《福建省网络直播行业自律公约》(以下简称《公约》)。福建省网络直播协会作为《公约》执行机构,负责组织签署和实施《公约》。会员单位自愿签署《公约》并成为《公约》成员机构,接受《公约》约束,遵守、执行《公约》内容。

《公约》对福建省网络直播行业自律内容进行了规范,涵盖方方面面。

①《公约》成员单位应明确网络直播管理责任部门、制定直播平台管理制度规范、配备网络直播管理和技术措施、开展网络直播间及直播人员合规性评估,协调行业关系,制定行规行约,加强行业自律,促进行业健康可持续发展。

②对所有主播进行实名认证,包括:姓名、身份证号码、手机号码、银行卡账户信息(均须与本人信息一致);本人手持身份证

照片（身份证照片与号码清晰可辨认）。不为18岁以下的未成年人提供主播注册通道。主播认证的信息，各平台不得外泄。

③《公约》成员单位应综合考虑网络直播内容的重要及敏感程度、类别属性等因素，开展网络直播数据分类分级工作，并围绕网络直播营销平台环节推动部署差异化安全保障措施。

④《公约》成员单位应建立内部网络直播数据安全合规性评估制度规范和工作流程，形成新上线业务全覆盖评估、存量重点业务定期评估工作机制，开展企业网络数据安全合规性评估工作并形成评估报告，协会应加强对行业协会商会的指导，鼓励建立完善行业标准，开展法律法规宣传，推动行业自律。

⑤《公约》成员单位应完善网络直播用户举报与受理机制，建立用户数据安全举报投诉渠道，明确处理流程并公布举报投诉处理联系方式。

⑥《公约》成员单位应经政府有关部门授权或委托，参与或组织制订、修订有关的直播行业规范、服务公约，对从业人员开展定期培训，组织开展行业信息统计、企业诚信建设、从业人员水平评价。

⑦《公约》成员必须做到严格保密。在项目实施过程中，服务单位应按照国家安全保密的有关规定和标准履行保密责任，对项目实施中涉及的有关信息履行保密义务，未经单位许可，不得将相关信息泄露给第三方。

《公约》还规定福建省网络直播协会、福建省委网信办将对《公约》履行情况定期开展自查、督查，同时，结合自查和公众监督举报情况，对查证属实、违反《公约》的签署单位进行指导和督促整改，必要时予以公示或公开谴责，发现违法违规线索时交相关部门处理。省网络直播协会不定期召开会议，压实主体责任，不断加强行业自律。

（3）福建省自媒体协会积极推进行业自律

自媒体作为一种新兴传媒，以其广泛性、便捷性和互动性等特点，吸引了大量自媒体从业者加入其中。随着自媒体行业的快速发展，也出现了一些不负责任、不合规范的现象，严重影响了行业的形象和信誉。在当前信息化与网络化背景下，为保障自媒体行业的良性发展，在省委网信办的指导下，福建省自媒体协会不断加强行业自律，担起社会责任，维护自媒体行业形象。

一是加强协会建设。早在2019年福建自媒体联盟（福建省自媒体协会前身）成立之初，来自全省各地共180余个自媒体代表共同发起了《福建自媒体联盟自律公约》，承诺将遵守法律法规，恪守"七条底线"，净化网络环境，担当社会责任，接受部门监督，

▲福建省自媒体协会第一次会员大会暨成立大会

不断提高服务大局意识，提高舆论引导水平，弘扬社会主义核心价值观，传播正能量，倡导主旋律，共同推进福建自媒体行业持续健康发展。

二是加强会员建设。福建省自媒体协会积极引导协会会员自觉遵守国家有关互联网信息服务管理的规定，自觉履行互联网信息服务的自律义务，一是坚持正确政治导向，承担时代赋予的社会责任，大力弘扬社会主义核心价值观，切实提高舆论引导水平；二是自觉维护自媒体行业形象和声誉，尊重事实、理性发声，不做标题党，不恶搞调侃，不哗众取宠，不混淆视听，积极传播社会正能量；三是自觉接受行业主管部门的监督和指导，强化内部监管自律机制和内容审核把关机制，共同营造清朗健康的网络空间。

福建省自媒体协会作为代表性的自媒体行业组织，以规范、发展和责任为核心价值，在自律机制的引导下，福建省自媒体行业将更加稳定、成熟、健康、有序地发展，高效，为广大自媒体从业者创造更广阔的发展空间。

五、治理效能实现新提升

网络空间不是"法外之地"。习近平总书记在第二届世界互联网大会开幕式上的讲话中指出:"网络空间同现实社会一样,既要提倡自由,也要保持秩序。自由是秩序的目的,秩序是自由的保障。我们既要尊重网民交流思想、表达意愿的权利,也要依法构建良好网络秩序,这有利于保障广大网民合法权益。"网络空间的良好秩序是保证网民正常交流、文明上网的基础,现实中,扰乱网络空间秩序、破坏网络空间环境的行为时有发生,网络空间治理成为网络文明建设的重要一环。网络空间治理需要从多个维度入手,网络秩序建构也涉及多方主体,需要统筹推进系统治理、依法治理、综合治理、源头治理。近年来,福建各地、各有关单位深入贯彻落实《关于加强网络文明建设的意见》,将网络空间综合治理贯穿于新时代网络文明建设的全过程，着力打造常态化、系统化的网络综合治理体系。通过持续开展"清朗""净网"等专项行动，开展网络联合执法、规范网络传播秩序、建立各类网络信息举报平台，不断深化网络综合治理；通过大力开展网络安全宣传周等活动，进一步维护网络空间的安全基础和文明秩序；通过落实依法治网总方针，深入推进网络空间法治化进程，不断提升网络违法犯罪打击防范治理能力，营造天朗气清的网络生态。

（一）网络综合治理体系更加完善，网络传播秩序持续规范，网络生态日益向好

1. "清朗"系列专项行动

福建省网信系统认真贯彻中央网信办工作部署，深入推进依法管网治网，加大网络执法监管力度，以开展"清朗"系列专项行动为抓手，依法严肃查处网上违法违规行为，推动网络生态持续向好。期间，共开展专项整治 20 余项，监测处置违法有害信息 100 万余条，处置违法违规账号 7 万余个，约谈警告网站平台 100 余家，关停下架违法违规 App 200 余款，形成有力法治震慑。

——开展"清朗·2023 年春节网络环境整治"专项行动，制定印发《福建省网络生态治理综合协调工作机制联席会议办公室关于开展"清朗·2023 年春节网络环境整治"专项行动的通知》，细化 19 项工作措施。组织属地相关网站平台对照六个方面问题整治任务要求开展自查整改，持续巩固"饭圈"治理成果，切实维护良好网络文娱生态；严肃查处网络炫富、宣扬暴饮暴食等问题，避免

不良风气反弹回潮；广泛宣传《网络安全法》《反电信网络诈骗法》等法律法规，集中查处组织实施网络赌博、网络诈骗、非法集资等违法违规行为；加大封建迷信和不良现象整治力度；严管网络欺凌、网络沉迷等问题，加大未成年人保护力度；深入整治虚假信息等问题，防止渲染灰暗情绪。会同省公安厅、市场监管局、安全分中心等成员单位共同推进整治工作，进一步加强线索移交、会商研判、联动处置，形成线上线下整治合力。强化网络执法，采取约谈警告、限期整改、行政罚款、关停下架等措施，严厉查处违法违规行为。认真开展"网络中国节·春节"系列网上宣传活动，开设专题专栏，创作转发春节"福文化"相关图文、短视频、H5 等相关作品 4000 多篇（条），引导网络大 V、网络达人积极发布我国民俗、美食等特色文旅作品，倡导文明过节新风尚，营造积极向上的春节网络氛围。期间，全省网站平台屏蔽清理各类违法不良有害信息 13 万余条，封禁、关闭各类违法违规账号 3 万余个。开展专项巡查 1 次，监测处置涉赌、涉诈信息 20 万余条；约谈警告网站平台 40 多个；下架违法违规 APP89 款；关停假冒、仿冒网站平台 35 个；受理网民举报 1800 多件，下发网络执法线索 50 多条，立案查处 3 起。

——开展"清朗·从严整治'自媒体'乱象"专项行动。组织属地重点网站平台及 MCN 机构及行业协会，召开专项行动部署会，及时传达"清朗·从严整治'自媒体'乱象"专项行动工作会议精神，部署贯彻落实举措。开通举报受理网页、邮箱、电话等多种渠道，及时处置网民举报信息。发挥网信融媒体平台优势，在"网信福建"微信公众号等推送专项治理工作相关宣传、警示信息，指导属地网站平台、微信公众账号等发布《闽言宁说：对"自媒体"乱象重拳出击》《违法违规！"在宁德"等自媒体账号被依法关闭》《零容忍！莆田市委网信办依法关停2个抖音自媒体账号》等信息，鼓励网民积极提供举报线索，广泛凝聚社会共识。督促指导属地网站平台严格履行主体责任，围绕自媒体乱象问题，主动开展自查自纠，强化企业内部管理，健全完善内容审核机制，加强账号注册、运营和关闭全流程全链条管理，引导自媒体依法用网、理性发声，共督促指导属地网站平台清理了无教育、司法、医疗卫生等领域资质而擅自使用"教师""律师""医生"等称谓账号昵称信息；巡查监测处置仿冒官方机构账号39个，整改违规账号15个，约谈警告网站平台40余家；依法加强对"自媒体乱象"整治，依法关闭"在宁德""民之声""莆田第一粗""大白兔"等抖音账号。

——开展"清朗·优化营商网络环境 保护企业合法权益"专项行动。下发《关于调查摸底民营企业营商网络环境情况的通知》，并深入一线开展调研。在泉州召集10余家民企代表召开座谈会，集中收集意见建议，指导企业如何有效应对相关网络舆情、依法维护自身权益。完善《福建省网络生态治理综合协调工作机制》，调动各单位各部门积极性，加强相关违法线索、舆情信息的移送通报。将涉福建省民营经济相关事项列入网上巡查监看范畴，要求全省网信部门加大巡查监测力度。发挥"福建省互联网举报辟谣平台"作用，畅通受害企业举报渠道，开设专项行动举报专区，把服务落到实处。会同相关地方和省市场监督管理局建立会商联动机制，做好研判处置。全省网信部门汇总散布"营商网络环境"十类乱象的网站平台、公众账号，截至5月5日，已依法依规提请处置今日头条、新浪微博、抖音等相关网站平台、网络账号63个，不良信息2100余条。

■ 2."百家网络媒体进万家"网络安全宣传活动

2021年10月14日（重阳节），一场主题为"重阳敬老 谨防网络金融诈骗"的"10点钟课堂"，在福州台江区苍霞社区"苍霞人家"生活馆开课，来自福州主城区的50多名老年人走进课堂，学习如何识别和防范网络金融骗局。这是2021年国家网络安全宣传周福建省活动的线下活动——"百家网络媒体进万家"网络安全宣传活动的首场活动。此次活动由省委网信办主办，福州市委网信办、福州互联网新闻中心承办。来自新华网福建频道、人民网福建频道、中国经济网福建频道等中央驻闽新闻网站与省重点新闻网站、福州市属媒体等十多家网络媒体记者走进社区，采访社区居民，宣传普及网络安全知识。

当日的"10点钟课堂"邀请来自金融机构的老师，通过图文及案例的解说，耐心教授社区老年人如何识破日常生活中遇到的网络金融诈骗，包括虚假借款诈骗、银行理财产品漏洞被利用、境外诈骗网站"钓大鱼"、P2P（点对点网络借款）平台频现虚假投资标等常见骗术以及非法集资、网络赌博等骗局。来自台江区苍霞街道的老人们表示，这节"10点钟课堂"很实用，回去后要把课堂上学到的知识讲给身边的老人听，提高防骗能力。

近年来，随着老年网民数量的不断增长，老年群体遭受网络诈骗案例也屡见不鲜。在国家网络安全宣传周"网络安全为人民，网络安全靠人民"的大背景下，增强老年人的网络安全意识显得尤为重要。特别是在重阳节推出以"防范网络金融风险"为主题的老年课堂，对增强老年群体风险防范意识、提高老年人防网络诈骗技能

▲ "10点钟课堂"讲解帮助老年人提升网络防骗技能

十分有意义。

据悉,"10点钟课堂"是福州市委网信办携手互联网企业联合推动设立的适老服务,围绕老年人在衣食住行中涉及的各类智能化场景,帮助老年人解锁各种智能应用新技能,助力老年人跨越"数字鸿沟"。当日,在社区活动广场上,来自福州的5家网络安全企业以及兴业银行、支付宝、E福州等摆开了宣传摊位企业员工与社区志愿者一起,为社区居民提供网络安全相关咨询服务,分发网络安全宣传品。

当日下午,"百家网络媒体进万家"宣传采访团还走进多家网安企业及福建省网络与信息安全测评中心,了解他们如何通过云计算、大数据及先进的安防技术及应用为网络安全保驾护航。

作为福建省网安周系列活动中的一个持续项目,2022年9月

5日,"百家网络媒体进万家"网络安全宣传活动在厦门启动,由厦门市委网信办组织驻地央媒及省、市媒体深入厦门象屿保税区自贸金融中心、厦门市网安企业、"网络安全号"主题地铁专列,实地探访厦门市网络安全相关领域建设情况,了解宣传企业履行社会责任、落实网络安全法规情况,向市民宣传普及网络安全知识特别是个人信息保护方面知识,取得积极的反响和良好的宣传成效。

两年来,福建省委网信办及各地市委网信办组织中央、省、市、县四级近百家网络媒体,积极开展"百家网络媒体进万家"活动,泉州市开展"网络安全进万家"泉州古城徒步行、"e安全@世遗·泉州"活动,让网络安全宣传走进古城,走进世遗点;三明市组织县乡村讲师团开展网络安全宣讲大篷车进山乡活动、采取说、演、展等形式进行宣讲。平潭组织"迎新生开学,讲网络安全"活动,累计在校园张贴宣传海报70份,发放宣传材料500份,收回网络安全问卷调查1600余份。三明市开展"e童前行·网络安全护苗行动",从"保护个人隐私""拒绝网络欺凌"等方面指导学生远离互联网违法和有害不良信息;龙岩市结合社区治理、乡村振兴等工作,因地制宜打造中城街道网络安全主题公园等特色宣传示范点……网安周期间,还广泛开展校园日、电信日、法治日、金融日、青少年日、个人信息保护日等主题日活动。将线上宣传与线下采访相结合,让网络安全知识进社区、进企业、进机关、进校园、进农村,共同推动网络安全知识宣传普及,推动大众网络安全意识与防护技能的提升,促进企业进一步履行社会责任、落实网络安全法规,为清朗网络空间建设添砖加瓦。

3. 福建省互联网举报辟谣平台

为深入贯彻习近平总书记关于网络强国的重要思想，福建省委网信办立足新发展阶段、贯彻新发展理念、构建新发展格局、聚力网络举报一体化机制建设，构建网上网下"同心圆"，切实推动网络举报工作高质量发展。

举报中心以青号创建为抓手，提升服务质量。坚持把青年文明号要求的"服务一流、管理一流、人才一流、文化一流、效益一流"目标，作为举报中心实现科学管理、创新创效创优的重要标杆，通过成功创建省直级青年文明号，充分调动青年干部的积极性、创造性，培养了一批政治素质好、职业道德好、职业技能好、工作作风好、岗位业绩好的青年人才，进一步提升举报工作质效和服务群众水平。

（1）统筹推进举报一体化机制建设，做畅通民意解民忧的"贴心人"

福建省网信办坚持"网络举报依靠人民，网络举报为了人民"的理念，加快构建横向协同、纵向联动的网络举报一体化机制，有力支撑网络综合治理，营造清朗网络空间，助力网络文明建设。

强化机制建设，构建三级体系。建立一体化机制建设联络员制度，明确联系方式、工作要求、岗位职责、流程规范。进一步夯实网络举报工作群众基础。打造"中央—省—市"三级举报受理处置工作模式，积极高效受理处置中央网信办举报中心转办的各类网络举报信息，显著提高了处置效率。

多方位推进平台建设，畅通举报受理渠道。在福建省互联网举报平台上开通举报须知、举报指南子栏目，介绍举报受理范围和注意事项；开设涉拟上市企业网络侵权、涉自媒体乱象整治、涉未成年人网络环境等举报专区，引导网民有序依法举报；设置举报查询窗口，方便网民在线查看举报受理进度和举报处置结果等信息。在举报平台首页设置"扫黄打非""食品药品举报""福建省12345便民服务平台"等相关部门举报机构入口，引导网民有针对性地进行举报，并联系多部门进行联合举报受理处置。组织全省9市1区通过举报邮箱、举报电话等形式，拓宽网民诉求表达渠道，组织属地重点网站平台公布举报方式、设置举报入口，规范举报受理处置工作流程。

创新举报宣传引导，多措并举确保实效。线上宣传和线下活动齐发力，全面提升网络举报的影响力。通过在福建省互联网举报平台开设举报专区，拍摄方言版情景剧、防诈教程等特色宣传作品，依托"两微一端"平台开展宣传，增强举报宣传的渗透力和影响力；通过走进社区现场宣讲、发放宣传折页等方式，切实提高宣传的接受度，营造网络治理人人参与、人人有责的良好氛围。

强化部门联动机制，助推形成工作合力。对内，定期汇总、分析举报线索和典型案例，开展会商研判，快速处置有害信息，形成全流程工作闭环。对外，持续加强与公安、通管等部门的沟通配合，建立常态化联动机制，快速有效处置违法违规信息。2022年全年通过各平台共受理群众举报信息19000余条，处理有效举报信息2600余条。

（2）开创辟谣工作新格局，做广大群众利益的"捍卫者"

福建省网信办主动回应关切，加大权威信息发布力度，联动各地市和各有关部门，打造辟谣平台矩阵，切实防范化解社情风险，维护社会大局稳定。一是夯实基础，固本求新。开通福建省互联网

▲ 福建省互联网举报平台

▲ 福建省互联网辟谣平台

辟谣平台官方网站，运营"福建辟谣"微信公众号、新浪微博、头条号、百家号、企鹅号等自媒体号，形成全媒体矩阵，提升辟谣的传播力。2022年，"福建辟谣"新媒体矩阵共发布辟谣信息2800余条，总阅读量超过1240余万次。二是盘活机制，充盈队伍。加快推进全省违法与不良信息举报机构及辟谣工作队伍建设，广泛调动社会力量，不断壮大网络监督员队伍，发挥公众在网络生态治理中的作用。积极向市、县级延伸，建立省、市、县三级辟谣联动机制，形成"一张网""一盘棋"工作格局。三是创新驱动，提质增效。"福建辟谣"平台成立以来，聚焦网络热点，通过采访、查证等形式，积极向广大网友还原事实真相，倡导不造谣、不信谣、不传谣，传播正能量，得到网友的信任和社会各界的认可。创新性推出月度榜单，梳理集纳百姓关切的民生话题，整合接入各地权威辟谣信息，传播力、影响力、公信力不断提升，为营造风清气正的网络舆论环境贡献力量。

4. "厦门朝阳群众"举报平台

为加强网络生态治理，维护良好网络秩序，厦门市委网信办于2019年开设"厦门市违法和不良网络信息举报平台"，以"厦门朝阳群众"微信公众号为载体，设置多个举报类目，为广大网民举报网上涉厦不良有害信息，共同维护网上文明创建条件。

"厦门朝阳群众"微信公众号累计收到各类举报信息7.5万余条，其中有效举报线索8900余条，微信公众号目前粉丝数9300余个，累计推送各类微信文章超过1080篇，网民参与举报涉厦违法和不良网络信息的热情不断高涨，为维护社会稳定、防止谣言扩散，构筑清朗、文明的网络空间发挥了重要作用。

(1) 强化网络空间思想引领，当好正面宣传"扩音器"

厦门市委网信办构建"网宣＋举报"模式。"厦门朝阳群众微信"公众号每期推文的首篇均聚焦习近平总书记的重要思想、重要讲话、重要指示批示精神，落实举旗帜、聚民心、育新人、兴文化、展形象的要求，助力网上理论宣传，大力传播党的声音，宣传党带领人民在奋斗中取得的伟大成就。如推送《春来潮涌东风劲——习近平总书记指引数字化推动高质量发展述评》《构建网络空间命运共同体，习近平总书记这些话很深刻》《让互联网更好造福国家和人民 习近平这样强调网络强国建设》《网络安全意识有多重要？总书记这样强调》《全国两会闭幕，习近平这样阐述历史"接力棒"》等文章。

(2) 参与网络空间生态治理，当好苗头信息"警报笛"

厦门市委网信办健全网络举报机制，设置举报平台专岗，每天做好各类举报信息收集、分类管理和筛选，确保重要线索及时追踪研判、上报处置。增加网民举报路径，陆续新增"养老诈骗举报""算法推荐举报""网络侵权举报""医疗美容举报"等举报栏目；进一步优化系统功能，梳理出"基层减负""涉厦突发事件""涉厦教育""意识形态""网络谣言"等内容分类，提高筛查效率。新冠肺炎疫情期间，"厦门朝阳群众"微信公众号收到多条网民提供的有价值涉疫谣言举报信息，在对苗头性信息追踪分析后，及时转办相关部门，实现部门间舆情传递"短距离""少延时"，形成线上信息收集、线下核实处置的工作闭环，为有效应对处置并遏制谣言扩散争取先机。

(3) 传播网络空间行为规范，当好诚信建设的"倡导者"

厦门市委网信办结合社会热点和时事动态，及时推送网络辟谣信息、网络安全资讯、网信工作动态等微信文章，用正面信息与网络"键盘侠"作战，提升网民识谣辨谣能力，倡导诚信上网、文明用网。自 2019 年开办以来，累计推送辟谣类相关文章 100 余篇，如《核酸检测打架致 2 人死亡？》《这些涉疫"信息"都是假的！》《高考结束，警惕这些骗局！》《严厉打击网络账号黑产！公安部公布"断号"行动典型案例》《网络暴力终要承担法律责任》《互联网"跟帖评论"新规发布！》等文章，倡导良好上网行为习惯，提升网民网络素养。

（4）助力网络空间文化培育，当好网络文明的"传声筒"

厦门市委网信办坚持传播社会主义核心价值观，助力网络文化建设与培育，为广大网民传播积极健康、向上向善的网络文化作品，为繁荣厦门网络文化"鼓与呼"。"厦门朝阳群众"微信公众平台已推送系列文章《习近平的文化情缘·鹭岛瑰宝》《习近平"典"亮新时代·奋斗篇》《聆听新年贺词 逐梦 2023》《讲好厦门青年故事，感受特区青春活力！ 2022 网络全媒体厦门行成功举办》《安全，有序，精彩！这场活动厦门的收获是……》《让雷锋精神在新时代绽放更加璀璨的光芒》等，为营造健康、文明的网络文化氛围助力。

（5）注入市域治理网信力量，当好社会舆情"集结哨"

"厦门朝阳群众"微信公众号积极发动员广大网民参与监督，收集线索涉及民生、交通、教育、疫情、旅游等各个领域，为相关部门化解矛盾、解决群众难题提供线索支撑，积极疏解网民情绪，发挥化解社会戾气的"减压阀"作用。如举报违章占道、违章搭盖等不文明行为，助力文明创建工作；反映交通设施设置不合理存在安全隐患、教育资源不均家长焦虑等，为相关部门解决民生痛点提

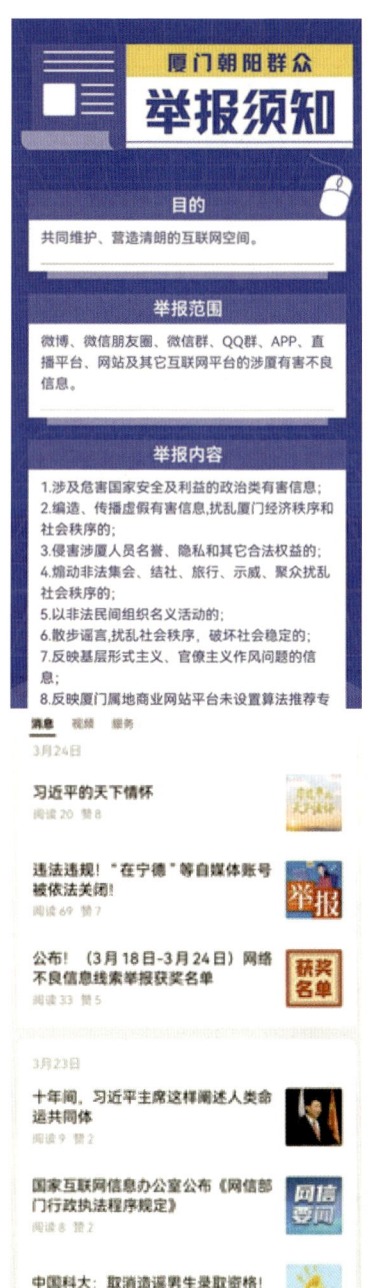

供依据；投诉色情低俗类、诈骗类信息，延伸网上舆情线索收集触角，为净化网络信息生态排除盲点，为推进市域治理注入网信力量。

■ 5. 泉州创新网络执法联动模式

在网络文明建设当中，泉州市委网信办坚持高起点谋划、高标准推进、高水平实施，扎实推动新时代网络文明建设。特别是探索建立网络安全和信息内容管理执法联席会议制度、创新县域网络综合治理模式，进一步优化了网络生态，极大提升了网络综合治理水平。

（1）在机制办法上下功夫，形成网络综合治理"一盘棋"

建体系，促综合治理。以泉州市委网信委名义印发的《关于加强县域网络综合治理的若干措施》，旨在加强党委统筹协调、优化机构职能设置、提升执法规范化水平、提高技术管网能力，加快推进泉州市网络综合治理体系建设。

创机制，促合力形成。泉州市

委网信办制定下发了《泉州市网络安全和信息内容管理执法联席会议制度》，明确了联席会议的主要任务、工作机制及各相关部门的工作责任。联席办成立以来，先后召开联席会议、联络员会议、会商会 20 多场次，互相通报情报信息 500 多条。

定规则，促执法规范。紧紧抓住依法治网这个"牛鼻子"，制定出台《联席会议办公室工作规则》及情报信息共享、联合执法、联合约谈、案件集体讨论、应急处置、信息发布等网络执法联动管理制度文件，推动网络执法联动规范化、常态化。

抓重点，促治理落地。突出执法重点环节，对各成员单位报送的执法计划进行整合优化，制定《年度泉州市网络安全和信息内容管理执法联动工作要点》，会同成员单位组织开展 80 项专项行动，强化线上线下统筹，形成网络综合治理"一盘棋"。

（2）在共建共享上下功夫，打造网络管理执法"新格局"

执法经验互学。泉州市委网信办汇编《网络执法法律法规》和《网络执法典型案例》，编印 22 期《网络安全和信息内容管理执法联动工作简报》，通过以案释法、以案学法、交流互动，促进联动成员单位相互学习借鉴、互通有无、取长补短。执法数据共享。建立健全属地主体数据库。目前，已建立属地网络大 V、网评员、民情观察员为主的人员信息库，逐步建立和完善主体台账和巡查台账，同步向执法联动成员单位和泉州市相关职能部门提供数据共享服务。

执法设施共用。整合不同部门的优势资源，推动执法设施在执法联动成员单位间的互相支撑，依托市场监管局"存证云"系统，建立泉州市网络安全和信息内容管理执法"网络证据联合取证点"，解决取证难问题。一年来，已为成员单位提供网络执法电子取证

300多条次。

（3）在联合治理上下功夫，着力提升管网治网"新效能"

强化协作配合，依法打击违法行为。2019年以来，泉州市网信部门联合相关部门开展互联网联合执法行动435次，依法处置159家违法违规网站和平台。

强化联合检查，协力维护网络安全。网信部门牵头，联合公安局组织第三方专业机构对全市重点单位的信息系统和网站开展远程技术扫描，对重点单位信息系统进行网络安全现场执法检查，针对发现的系统未备案、安全漏洞等问题，发放限期整改通知书，督促其限期整改。强化市县联动，延伸拓展管理边界。目前，泉州11

▲ 2022年8月24日，福建省网络信息内容综合协调管理工作现场会在泉州召开，推动落实全省网络综合协调管理工作机制，总结推广泉州市创新网络执法联动模式的经验做法

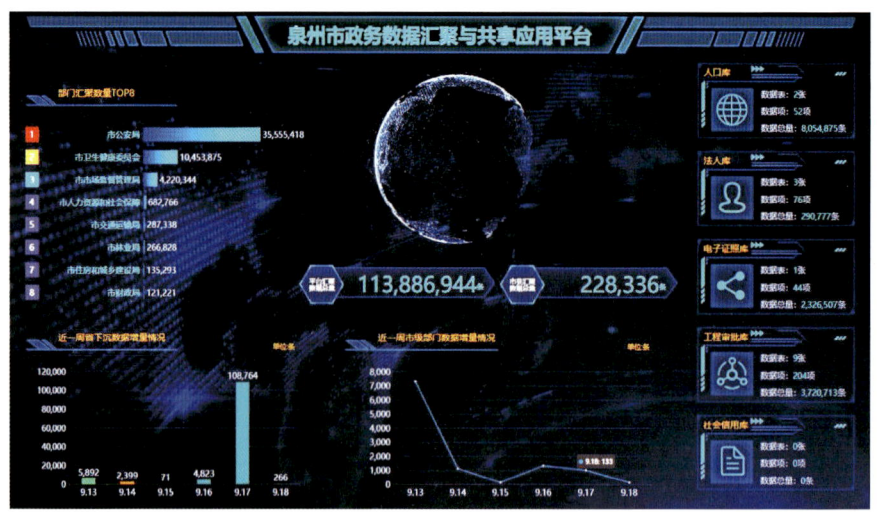

▲泉州市政务数据汇聚与共享应用平台

个县（市、区）、泉州开发区、台商投资区均参照泉州市级做法，结合各地实际，建立了执法联动机制，明确了各成员单位的职责、任务和工作要求。

■6. 莆田网络生态治理案例

案例一：某日，莆田市委网信办接到网民举报，抖音账号"戏子朱素娥"因为同行利益冲突，在平台上发布3条涉地域歧视、侮辱他人的视频。莆田市委网信办收到举报件后，迅速进行核实。经研判，该抖音账号发布者在视频中确实存在侮辱、诽谤以及煽动地域歧视的情况，其行为违反《网络信息内容生态治理规定》第六条第十款相关规定。按照属地管理原则，莆田市委网信办迅速下发文件通知，将相关情况移交仙游县委网信办进一步处置。在莆田市委网信办的具体指导下，仙游县网信办对该抖音账号发布者朱某某进行约谈，并提出整改要求：一要严格落实账号主体责任，之后在网络上发布信息时要严格自查，不得发布、转载违反社会道德、违反法律法规的内容，做文明用网、遵纪守法的好网民；二要在网络上发布正能量的信息，正面宣传本土文化、民俗方面等的内容，为社会传播正确舆论导向。

经过约谈，朱某某深刻认识到自己的错误，第一时间落实整改，删除所发的系列不良视频，并做出书面承诺，今后将吸取教训，坚守法律法规底线，自觉承担社会责任。该执法行为为加强市、县（区）两级网信部门联动处置案件及市委网信办指导县区网信部门开展网络执法工作提供了经验，为之后出现类似的案件处置提供了法律依据以及相关工作流程示范。

案例二：2022年2月下旬，莆田市委网信办巡查发现一涉嫌传播淫秽内容的抖音账号，该账号为了吸粉、增加流量，在平台上发布多条淫秽音频，语言内容低俗，涉嫌传播淫秽信息。莆田市委网信办即将该线索转与仙游县网信办核查处置，仙游县网信办立即协同县公安局开展调查处理工作。经查，该抖音账户所有人对其在网络传播淫秽信息的违法行为供认不讳，事实清楚，证据确凿，其行为明确违反《中华人民共和国治安管理处罚法》第六十八条相关规定，仙游县公安局依法给予违法行为人项某梅行政拘留15天的处罚，并处罚款。案件办理完结后，仙游县网信办向莆田市委网信办报告具体情况。莆田市委网信办将此次案件办理情况撰写新闻《互联网不是法外之地：一"网红"传播低俗信息被依法处置》向社会通报，同时向网民普及相关法律知识。中央"扫黄打非"办、福建网信办、福建"扫黄打非"办、东南网等多家单位新媒体账号予以

发布。通过此案,警醒广大网民文明上网,理性表达,自觉承担社会责任,积极传递正能量,杜绝出现依靠传播低俗内容成为"网红"的违法违规行为。

以上该执法行为涉及各领域各行业,充分发挥了莆田市网络生态治理综合协调工作机制的统筹作用,明确了公安、民政、文旅、市场监管等涉网管理部门职责,完善了线索共享机制,推动多部门齐抓共管,实现从"单打独斗"到"联合作战"的转变,从而迅速有效处置各类违法和不良信息。

(二)网络空间法治化深入推进,网络违法犯罪打击防范治理能力持续提升

■1. 福建公安推进依法治网,强化网络执法

随着互联网技术和网络应用服务的快速发展,网络安全形势日

益严峻复杂，网络安全在国家安全中的地位及作用日趋凸显。为切实维护网络安全，不断推进依法治网，着力健全福建省网络安全综合治理体系，福建公安机关网安部门作为维护全省网络安全的专门执法力量，牢记警心向党，擎起奋进，以"四个坚持"为抓手，坚持依法治网，强化网络执法，为平安福建建设做出突出贡献。

为营造天清气朗的网络空间，近年来国家制定出台了网络领域立法140余部，基本形成了以宪法为根本，以法律、行政法规、部门规章和地方性法规、地方政府规章为依托，以网络内容建设与管理、网络安全和信息化等网络专门立法为主干的网络法律体系。福建公安机关网安部门始终坚持以《刑法》《刑法（修正案九）》《网络安全法》《数据安全法》《个人信息保护法》《反恐怖主义法》《反电信网络诈骗法》等法律法规为依据，聚焦保护公民个人信息、落实网络运营者责任、查验网络用户真实身份、禁止危害网络安全行为等关键问题，依法治网，强化网络安全执法。

（1）坚持源头治网，强化网络安全监管

福建公安机关网安部门深入开展互联网安全监督检查和行政执法工作，全面加强对违法有害信息容易滋生的网站、论坛、网络直播、网络游戏等互联网企业、联网单位的安全整治工作，督促省内互联网企业、联网单位切实履行安全主体责任，管好自身"责任田"，从源头上遏制违法有害信息传播扩散，全力营造风清气正的网络环境。一是督促落实福建省公安厅责任。针对互联网企业普遍存在重经济效益、轻安全防护等问题，全省网安部门积极履行安全监管职责，深入开展互联网安全监督检查和行政执法工作，共督促互联网企业清理各类违法有害信息129万余条、关停网络账号50.4万余个。

依照《网络安全法》《信息系统安全等级保护管理办法》《App 违法违规收集使用个人信息自评估指南》等要求，督促省内 App 运营者落实安全主体责任。对网络安全等级保护不落实、违法违规收集使用公民个人信息或违法有害信息频发、信息安全责任落实不到位的 App 运营者，及时约谈，责令限期整改；对严重违规或整改不力的，坚决予以关停整顿或依法查处。二是开展专项整治。福建省公安厅共检查省内皮皮虾等互联网企业、联网单位 1.6 万余家(次)次，责令网络运营者限期整改 8706 家(次)、行政处罚 2340 家(次)。督促各网络直播和短视频平台进一步强化有害信息防控技术措施能力，进一步强化对违法有害信息的发现预警和防范处置工作，指导平台企业提升技术防控能力，从源头上遏制有害信息发布。三是突出重点监管。福建省网安部门督促各网络游戏平台对历史信息开展自查自清，加强人工审核和技术管控，推进网络游戏信息内容专项清理工作。重点加强省内重点游戏运营企业的监督检查力度，严格按照"谁发布谁负责、谁运营谁负责"的原则，强化公开发布信息的审核，加强对涉及淫秽、色情、赌博等违法有害内容的清理工作，共开展网络游戏平台安全检查 120 家（次），开具限期整改 90 余份，督促整改问题隐患 468 个，督促指导属地游戏平台企业屏蔽过滤违法有害信息 4.7 万余条，关停网络账号 1494 个，全力营造风清气正的网络环境。

（2）坚持以打促管，强化打击涉网犯罪

我国互联网技术与行业飞速发展，在方便人民群众生产生活的同时，也出现了各种新的网络犯罪形态和生态。福建公安机关网安部门聚焦网上突出违法犯罪和网络乱象，坚持"全链打击、生态治理"策略，以打开路、以打促管、以管促治，以集群战役和专项整治为抓手，以人民群众满意、网络秩序安定为目标，对网络违法犯罪发起强大攻势，有力维护了网络空间安全和网上秩序稳定。一是严打突出网络违法犯罪。针对侵犯公民个人信息、黑客攻击破坏、网络黑产、网络赌博、网络淫秽色情、网上虚假信息等严重危害网络秩序和人民权益的违法犯罪行为，坚持出重拳、破案件、除团伙。2020年以来，共破获网安部门主侦案件5200余起，抓获犯罪嫌疑人5900余名，有力提升了案件打击效能。二是严打犯罪生态链条。针对物料供应、技术支持、广告推广和支付结算等网络犯罪关键要素环节，公安机关坚持打七寸、打全链、打生态，对涉案人员、团伙和企业依法严打严管，切实斩断网络利益链条。2020年以来，共协助刑侦、治安、禁毒等部门破获案件1.4万余起，抓获犯罪嫌疑人2.3万余人，沉重打击犯罪分子嚣张气焰。三是严打违法网络服务。切实加强网络平台源头治理，加大网络安全和行政执法力度，依法整治违法有害信息突出的网络应用服务以及被用于实施违法犯罪的各类网络服务，促进互联网产业和生态健康有序发展。同时，深化"一案双查"，对网络犯罪案件中涉及的企业，依法严查不履行网络安全管理义务的行为。四是严打网络犯罪团伙。广辟线索来源，发起多个集群战役，形成有力震慑，主动联合有关主管部门开展依法查处，对违法违规的"网络水军"公司和人员予以处罚，进一步挤压"网络水军"活动空间。

（3）坚持群防群治，强化网络安全宣传

福建公安机关网安部门高度重视网络安全宣传工作，多措并举、广泛宣传，有力有效地组织开展网络安全宣传周特别是法治主题日宣传工作，全面宣传"网络安全为人民，网络安全靠人民"的活动主题，促进网络空间共管共治。一是精心组织网络安全宣传活动。开展国家网络安全宣传周活动是学习贯彻习近平总书记关于网络强国的重要思想举措，福建省公安厅高度重视，深入贯彻落实习近平总书记对网络安全宣传周活动的重要批示精神，结合福建省实际切实组织好宣传活动。为彰显宣传活动进基层、进企业的特点，充分动员企业、行业机构力量，福建省公安厅网安总队分别 2020 年在泉州晋江、2021 年在莆田、2022 年在漳州设立全省网络安全宣传周法治日主会场，全省各地公安机关网安部门结合本地实际，丰富宣传形式，广泛发动群众。二是突出网络安全宣传重点。大力宣传近年来全省公安机关在信息系统安全等级保护、打击网络违法犯罪方面的工作成效，向群众详细解读《网络安全法》相关法律法规，引导网民树立正确的网络安全观。2020 年以来，现场发放《网络安全法》和电信诈骗防范知识宣传单等 56 万余份。通过举办新闻发布会等形式，通报了省内非法利用网络信息、侵犯公民个人信息典型案例；通过举办网络安全主题论坛，对《数据安全法》开展多角度解读，提升运营单位网络安全意识；录制了网络安全宣传片，展现了全省网络警察的形象，并在电视台、网站、自媒体及户外 LED 屏等视频播放，开启"万屏共闪"活动。三是营造良好网络环境。全省各地公安机关网安部门同步采取网络短视频、交通 LED 宣传、微信微博公众号集体发声等多种形式，线上线下宣传公安机关开展互联网安全治理、打击网络违法犯罪方面成效，取得了良好效果，全面引导广大网民共同营造风清气正、和谐稳定的网络社会环境。

2. "净网"专项行动

福建省公安机关在福建省委、省政府和公安部的正确领导下，统筹推进安全管理、清理整治、打击犯罪、舆论宣传等重点工作，持续严打严治侵犯公民个人信息犯罪生态。

（1）建立长效机制。坚持齐抓共管，健全联动工作机制，构建"公安主打、部门联动、社会共治"的工作格局，强化信息通报、联防联控、宣传教育工作，形成强大工作合力和震慑效应。2020年4月28日，福建省公安厅联合省委网信办召集省金融办、卫健委等21家有关部门召开全省打击危害公民个人信息和数据安全违法犯罪长效机制成员单位第一次联席会议。同年6月5日，建立职责清晰、各司其职、沟通密切、运转高效的《福建省打击危害公民个人信息和数据安全违法犯罪长效机制》，进一步有效保障福建省公民个人信息及数据安全。2020年起，公安部将打击侵犯公民个人信息违法犯罪活动列为公安部"净网"专项行动重要内容，全省公安机关主动作为、积极响应专项打击工作。2023年1月，为深入贯彻党的二十大精神，全面贯彻落实习近平总书记关于公民个人信息保护工作的重要指示精神，认真研究落实省委副书记、省长赵龙，省委常委、政法委书记黄海昆的相关批示精神，福建省公安厅制定了《全省公安机关打击整治侵犯公民个人信息违法犯罪专项行动方案》，成立全省公安机关打击整治侵犯公民个人信息违法犯罪专项行动工作领导小组，纵深推进打击侵犯公民个人信息违法犯罪专项工作，以强有力措施更好保障公民个人信息安全。

（2）强化安全管理。坚持打防结合，强化日常监管和重点巡查，全面夯实网络信息安全防范基础，提升重点单位信息保护和公民个人信息保护能力。充分运用《网络安全法》《信息安全等级保护管理办法》等法律武器，督促存有大量公民信息的互联网企业严格落实网络和信息安全管理制度措施，以实名制和用户注册制为重点，落实违法信息防控措施和内部审计制度，强化公民个人信息保护。针对可能造成公民信息泄漏的数据库，全面提升安全管理能力。要求省内18家App发布平台落实发布的App实行运营者实名注册制度，便于依法查处违法违规收集、使用公民个人信息的线索。

（3）开展专项整治。坚持以管促治，严查超范围采集和滥用个人信息的"数据黑企"、行业"内鬼"，切实筑牢数据安全防线。贯彻落实中央网信办等四部委关于《开展App违法违规收集使用个人信息专项治理的公告》，组织开展App等网络平台违规和超范围采集公民个人信息专项整治，督促省内相关App运营企业开展违法违规收集使用个人信息专项自查。委托公安部第三研究所对福建省在小米、华为等手机官方应用商店发布的App开展检测。目前已对198款App开展违法违规收集个人信息检测，并督促App运营使用单位整改到位。开展公民个人信息和数据安全执法大检查，严厉整治非法获取、使用、对外提供公民个人信息违法犯罪活动。

（4）严厉打击犯罪。2020年以来，福建省公安厅以"净网"专项行动为抓手，依托全省打击侵犯公民个人信息犯罪长效机制，坚持以打开路，强化数据赋能、情报引领和集群打击，全面加强非法获取、存储、买卖公民个人信息等犯罪活动侦查打击，坚决遏制侵犯公民个人信息类犯罪高发势头。期间，共破获各类侵犯公民个人信息案件1276起，抓获犯罪嫌疑人1821人。2020年10月，福建省公安机关网安部门联合卫健、金融、运营商等部门开展数据安全检查，重点打击内部人员窃取倒卖行业内部数据的行为。通过疫情防控核查发现王某侵犯公民个人信息案，抓获包括联通公司和货运物流公司 7 名"内鬼"在内的 16 名大量出售实名认证电话卡的犯罪嫌疑人。2021 年 3 月 2 日，龙岩市成功破获"0106"侵犯公民个人信息案，抓获涉嫌贩卖公民个人信息、网络诈骗、"洗钱"的犯罪嫌疑人谢某清等 10 人，现场止付实施诈骗账号 334 个，止付金额 447 万元；查获公民个人信息 30 余万条。2022 年 2 月 11 日，厦门市破获"范某翔等人侵犯公民个人信息案"，在厦门、南平等地抓获范某翔等犯罪嫌疑人 13 名，现场查获涉案营业执照、合同、证书 1300 余本，查清涉案金额 300 余万元。2022 年 5 月 13 日，南平市全链条打掉一个非法购买境外人员身份信息和盗刷信用卡进行购物转卖的犯罪团伙，抓获犯罪嫌疑人 55 名，现场查获涉案赃物 2000 余件，查扣、冻结资金 220 余万元，查清涉案金额 2000 余万元。

（5）着力宣传引导。福建省公安厅主动联系《人民公安报》《福建日报》福建电视台《福建法制报》等主流媒体，积极提供素材，刊发了一批专题报道，其中《福建警方一举打掉 17 个第四方支付平台》被新华网、新浪网等各大网站转载。"福建警方"微信公众号等全省公安新媒体联动推送《3 月 1 日起，〈网络信息内容生态治理规定〉将实施》，总阅读量逾 300 万。据统计，2020 年起全省公安机关"网络安全宣传周"活动共召开主题讲座 106 场，6 万余名各界群众参加；张贴海报 1.2 万余份，发放宣传材料 6 万余份；在全省 1.3 万块公共场所 LED 显示屏、公交车、出租车走字屏播放宣传主题；依托网站、微博、微信等多种载体开展网上宣传，网民浏览量达 1000 万余次；通过三大基础运营商，向社会各界群众发送宣传短信 1000 万余条。线上线下强大的宣传声势，展示了公安机关打击整治网络侵犯公民个人信息犯罪的成果和决心，为保护公民个人信息营造了良好的社会氛围。

六、创建活动开创新局面

新时代加强网络文明建设,是推进社会主义精神文明建设、提高社会文明程度的必然要求,是适应社会主要矛盾变化、满足人民对美好生活向往的迫切需要,是加快建设网络强国、全面建设社会主义现代化国家的重要任务。群众性精神文明创建活动是社会主义精神文明建设中不可替代的重要组成部分,也是群众路线在精神文明建设实践中的具体体现。《关于加强网络文明建设的意见》指出,要加强网络空间文明创建,推动群众性精神文明创建活动向网上延伸,充分发挥新时代文明实践中心和县级融媒体中心作用,加强网民网络文明素养实践教育基地建设，推动基层开展网络文明创建活动。福建坚持以习近平新时代中国特色社会主义思想为指导，不断加强网络空间文明创建，推动网上网下创建活动走深走实。各地结合自身实际，通过组织各类志愿服务活动和身边模范人物评选活动，引导促进群众性精神文明创建活动向网上有效延伸，激发群众自觉参与意识与创造新生活的热情；通过组织评选福建网络文化品牌、网络公益项目和"福建好网民"评选等各类网络文明品牌活动，增强了网络文明建设的广泛影响。

（一）群众性精神文明创建活动向网上有效延伸

■1."志愿服务+互联网"营造向上向善网络风尚

党的十八大以来，福建省志愿服务工作以习近平新时代中国特色社会主义思想为指导，在省委、省政府正确领导下，在社会各界的关心支持下，着力健全体制机制，推动全民参与，开展形式多样的志愿服务活动，在倡导文明新风、促进社会和谐方面发挥了积极作用。

福建省委文明办为更好地履行组织协调推动全省志愿服务工作职责，不断加强统筹协调，省、市、县三级联动，形成常态化工作机制，实现工作网络全覆盖。持续深化新时代文明实践中心建设工作，把志愿服务作为新时代文明实践中心的基本组织形式和运行机制，各县（市、区）党委主要负责人担任实践中心的主任和志愿服务总队队长。截至目前，全省建成县级实践中心88个、实践所1110个、实践站17044个，中心、所、站实现建设全覆盖，"一县一中心、一乡一所、一村一站""中心带所、以所带站、以站联点"的建设格局已经形成。

通过互联网的宣传与联结，以数字赋能，福建省志愿服务已形成全民参与的良好局面和蓬勃发展势头，活动规模不断扩大，活动网络不断延伸，初步实现了在志愿服务人员上由青年为主向社会全体成员转变、管理上由松散型向规范化转变、时间上由阶段性向常态化转变，"我为人人，人人为我"的社会氛围日益浓厚。截至目前，全省注册志愿者 691 万人，注册志愿服务团体 7.7 万个，开展志愿服务项目 107 万个，总时长 1.93 亿小时。许多志愿者被评为各级道德模范、身边好人等先进典型，涌现出全国道德模范刘丽、陈素珍，全国道德模范提名奖获得者杨明媚等优秀志愿者代表，以及厦门蓝天救援队、石狮"阳光太太"等先进志愿服务组织。省委文明办还依托省级志愿服务培训基地，举办各类志愿者骨干培训班 30 期，培训近 4000 名志愿者骨干，推出 300 个特色品牌志愿服务项目，有力提升志愿服务队伍素质和工作水平。

近年来，福建省志愿服务工作在加强制度保障的基础上，不断强化项目带动。通过互联网线上线下的沟通，建立起群众需求与志愿服务的有效对接机制，在全省开展了"助力新福建，建功新时代"志愿服务行动，针对空巢老人、困难群体，开展"邻里守望，情暖八闽""幸福福建"助老扶幼、"健康福建"助医助残等志愿服务行动；针对留守儿童、农民工子女，开展"爱心福建"助学帮困、"圆梦福建"乡村学校少年宫等志愿服务行动，积极开展"代理妈妈""4 点钟学校""快乐周末"等活动，在乡镇建立中央彩票公益金支持建设的乡村学校少年宫 396 所；围绕生态文明建设，部署开展"清新福建"生态环保志愿服务行动，共有 30 万志愿者投身到市容环境综合整治和保护山川河流等活动中来;围绕乡村振兴,着力推进"小康福建"精准脱贫、"正气福建"移风易俗、"文化福建"文艺惠民等志愿服务行动;围绕大型赛会,在福州全运会、金砖国家领导人第九次会晤、海交会、海峡论坛、数字中国建设峰会等大型会议及活动中,数万名志愿者提供了优质高效的服务,成为一道亮丽风景线,受到国内外嘉宾的赞誉;面对新冠肺炎疫情,全省近200万名志愿者以文明实践中心(所、站)为主要依托,充分发挥联防联控、群防群治积极作用,为网上网下众志成城战胜疫情作出贡献。

在线下开展志愿服务的同时,不断加强志愿服务文化的网上宣传引领,培育志愿服务文化,普及志愿理念,弘扬志愿精神。一是搭建立体传播平台。在福建电视台黄金时段开设《福建志愿者》栏目,每周一期,共播出近300期,相关网络平台同步宣传;在《福建日报》开辟《志愿者在行动》专栏,已刊发逾百期,宣传报道各行各业涌现出的志愿者典范;在全省省级以上社区开展"好人故事会视频评选"活动,用身边人事迹教育身边人。通过网络媒体、户外电子屏幕、楼宇电视、公交候车亭等载体全方位播放志愿服务公益广告,在立体传播中凝聚社会共识,引领全民参与。二是推出一批志愿服务文化产品。为强化品牌形象,进一步在网上网下深入宣传推广志愿文化,组织面向广大网民征集、创作、推出一批有社会影响、能产生引导作用的优秀志愿服务文化产品。编辑出版了4册百万字志愿服务文化丛书,记录志愿服务感人场景,展示优秀志愿者风采,汇编各地志愿服务工作创新案例等,进一步培育志愿服务文化,在网上网下有力推动形成向上向善的网络文明新风尚。

2. 泉州市泉港区网络孝文化节

网络文明是新时代精神文明的重要组成部分。党的二十大报告指出，要健全网络综合治理体系，推动形成良好网络生态。作为"中国长寿之乡"，泉州市泉港区深入贯彻习近平总书记关于网络强国的重要思想和关于精神文明建设的重要论述，以县域网络综合治理体系建设为纲，多措并举共建网络文明，通过举办"网络孝文化节"系列活动，挖掘展示山海泉港寿乡文化，引领孝老爱亲风气，弘扬社会核心价值，深刻影响网民群体，尊老敬老蔚然成风。

▲ 2017年泉港区首届网络孝文化节敬老百寿宴现场

（1）精准谋划构建网络文明新格局

泉港区委网信委牵头抓总、科学谋划、整体推进，充分整合成员单位职能优势、镇街特色，以孝文化传承和发展为载体，激活全区网络文明建设"一盘棋"。一是夯实网络文明建设基础。结合县域实际，出台《泉港区关于加强网络文明建设的工作举措和分工方

▲ 2022年第六届网络孝文化节活动现场,老人享受爱心义剪服务

案》等文件,明确总体要求、目标任务,通过制定落实6个方面25条具体措施,扎实推进文明办网、文明用网、文明上网、文明兴网。借鉴网上联合推送机制经验,整合镇街宣传员、网格员资源,选育7支文明网宣小分队,延伸覆盖村居社区,带头担当文明示范员、信息监督员,引导身边群众广泛参与家风文化传播、道德模范宣介、助老志愿服务等;区直部门深入主管行业领域选用组建200人网络文明志愿者队伍,充分发挥"耳目功能",劝阻纠正养老诈骗等不良行为,维护文明和谐的网络空间。二是创新网络文明特色品牌。每年重阳节期间,泉港区以推进"家+文化"建设为契机,充分挖掘"中国长寿之乡""孝德文化之乡"品牌内涵,融合运用"互联网+孝文化+艺术节"思维,采用"网络直播+现场演出+敬老服务"的形式,官方牵头、企业协作、镇街联动、全民参与,创新举办六届"网络孝文化节",烹制百道网络文化大餐,通过"网络味"微专题活动推动党的创新理论进基层,培育和践行社会主义

核心价值观，增强网上网下孝文化认同，持续擦亮泉港网络文化创新品牌。三是健全网络文明传播体系。以立体化"微展播"推进网媒大练兵，发挥融媒体中心"群主"作用，运用泉港网、政务微矩阵、朋友圈H5、正能量自媒体、福传泉港App等媒介，实现"同频共振、多元传播"，"孝在身边·德行泉港"征集活动评选展示孝德动漫、微电影、歌曲、小品、表情包等优秀网络作品70余件，网络投票页面点击率近百万，吸引海内外乡亲乡贤参与互动。权威性"微直播"奏响网络强音，依托"无线泉州"App、"福传泉港"视频号等网络直播孝文化节展演活动，累计吸引60多万网友在线陪伴老人云过节，新华社客户端、人民网等央媒报道点击量均破百万，迅速成为区域新闻热点。聚合力"微联播"引领网民大合唱，借助志愿服务载体，发挥"多米诺骨牌"效应，引领社会团体、公益组织参与网络传播，集中发布公益宣传片和招募帖，吸引爱心企业助力"邻里守望"志愿活动。

（2）活动牵引绘制网络文明多彩画

泉港区大力倡导福寿文化、康养文化、德孝文化，持续举办网络文明实践传播活动，助推邻里和谐、家庭和睦，共绘网络文明美好画卷。一是以"家风故事"展播传递孝贤正能量。紧扣"讲故事、传家风、扬正气"主题，线上线下相结合开展"家风故事征集展播"活动，依托政务微公号、小程序征集原创家风故事55篇。特邀本地作家以道德模范、最美家庭、百岁老人等人物为原型，创作优秀家风故事精选汇编成册；刊印发行《泉港区百岁老人风采录》画册，拍摄《百岁·生活》纪录片，推出"光阴的故事·她们的岁月"系列专题宣传，赢得广大网友好评与点赞。面向全社会海选四世同堂、五世同堂家庭，免费拍摄"全家福"写真76张，举办"福寿之家"

全家福摄影展、"一镇一孝廉"图片展,推出 H5、抖音等新媒体产品,挖掘照片背后的感人故事。商业自媒体二次创作微视频,定制"孝在身边·你我同行"孝心接力帖,发动微信群、朋友圈聚焦接力,让优秀网络作品深度发酵,提升孝文化传播力、引导力和影响力。组织公共场所主题展播,精选孝德人物卡通图、微电影、歌曲 MV 等作品,利用电视台、户外大型 LED 滚动刊播,在全区掀起崇尚好家风、践行家庭美德新热潮。二是以"福寿品牌"展示倡导节俭新风尚。征集评选并推广"网络孝文化节"主题 LOGO,精心运营"长寿品牌",融合"移风易俗"主题,举办环保购物袋设计网络大赛,融入"中国长寿之乡"标识、本地风景、物产等元素,结合线下 DIY(自己动手制作)亲子活动,吸引众多家庭广泛参与,征集电子设计稿、手绘作品 70 余件,用于制作环保购物袋等周边宣传实用品,赠送分发辖区群众,倡导文明节俭、生态环保新理念。举办"感动泉港·道德之光""泉港十大孝""文明家庭""好婆媳、好妯娌、好邻居"等评选表彰活动,组织"最美的'孝'""孝文化·一起秀"等主题网络作品征集评选和网络文明传播活动,借助品牌效应,3000 多件网络作品持续展播,引发网民弘扬孝老爱亲传统美德的共鸣。三是以"孝德泉港"展演诠释和谐价值观。结合"福传泉港"网络文化节,在"全国文明村"东张村、"中国历史文化名村"土坑村等开展"百善孝为先""孝德泉港·家风传承""重阳情·圭峰行""喜'孝'颜开·幸福在线""网络中国节·重阳"文艺展演活动,汇聚"洗脚礼""敬老宴""文创园"等元素,以老人喜闻乐见的方式,通过戏剧歌舞、快板童谣、沙画讲堂等艺术表现形式,呈现泉港孝德"特色菜"。依托辖区互联网企业承设直播点,通过优酷、爱奇艺、新浪微博等平台云分享,将"网络文明传播大使"颁奖典礼、"敬天祖""敦孝弟"等家规家训展示、北管莆剧传承等现场画面推向移动网端,吸引广大网友在线互动,共同感受孝老爱亲、睦邻和谐氛围。现场还同步开展游园打卡、书写家训、福寿拓印、汉服雅集、美食推介等活动,邀请区内外网络名人参与活动体验,采用"网络直播＋现场讲解"模式跟进活动动态,以大流量传扬网络敬老孝老正能量。

（3）服务实践共创网络文明美家园

从站点、平台、活动三个维度发力,"互联网＋"创新赋能搭建网络助老服务、敬老宣教、爱老公益传播载体,助推网络文明建设数字化、智能化。一是打造线下站点,推进文明志愿服务。全省首创网信通服务 e 站,作为区新时代文明实践点,规划网络文化传播、助老便民服务等功能区,开通"速助"服务专线,实施一网通办服务模式,安排专人辅助老人办理业务,实时解决老年人诉求,实现涉老事项"全流程网办",为网络文明建设树立了良好的口碑;成立"敬老巾帼志愿服务队",号召网络大咖、新媒体从业人员走进养老院、老年活动中心,结合网络孝文化节活动,开展志愿服务、孝德宣讲,利用"锦绣讲坛""百姓讲堂""爱家讲堂",讲好福寿孝廉文化,深化泉港文明形象。二是用好线上平台,共筑网络文明空间。开发"泉港网信通"小程序,设置网络文明专栏,开通"辟谣举报""意见投诉"专区,曝光造谣传谣、养老诈骗等网络违法行为,持续推进网络诚信建设;链接举报热线,畅通诉求渠道,结合网民诉求大数据分析,回应民生关切,同时利用小程序学习窗口,组织文明规范宣教、网络法规普及活动,提升网民文明素养。孝文化节期间，发动全区网民以"照片+祝福语"形式展示身边孝行善举、家庭和睦场景、老人健康生活，引导建言家乡美好未来助力泉港城市形象提升和文明氛围营造。三是携手文明行动，凝聚网络公益力量。每届孝文化节同步组织爱心义剪、健康义诊、医疗救助等公益服务，并送上"爱心礼包""健康礼包"，让老年人过上"健康节""幸福节"；借助"505 微公益"互助平台、"疫"线民生诉助中心、社会救助服务中心等，开展"微心愿 我认领"等助老公益活动，通过政府救助、社会帮扶、线上认领、线下圆梦，社会组织与爱心人士接力解决困难老年人微心愿 400 多个，弘扬践行"处处有善、时时可善、人人行善"的文明社会风尚，网上网下反响强烈，进一步扩大助老爱老共识，推进网络公益发展。

3. 南平"新政和人"评选活动

近年来，南平市政和县持续推进文明办网、文明用网、文明上网，以时代新风塑造和净化网络空间，共建网上美好精神家园。为弘扬新风正气，表彰文明人物，政和县通过搭建创业平台、优化营商环境等举措，筑巢引凤，吸引了一批批非政和户籍人员到政和干事创业，从"外乡人"转变为"本地人"，成为推动政和经济社会发展不可或缺的重要力量。为增强以"新政和人"为代表、在政和辛勤奋斗的"外乡人"的归属感、认同感、荣誉感和获得感，2021 年以来，政和县连续开展两批次"新政和人"评选活动，授予 20 人"新政和人"称号，通过文明创建活动，为全县奋力打造闽浙边生态新城提供有力支撑。

"新政和人"评选活动以社会广泛认同为标准，通过各乡镇（街道）、县直相关部门推送和个人报名的形式进行推荐，通过县级主要媒体在网上发布评选公告，利用"时空政和""文明政和"做好活动预热，达到较好宣传效果，共收集参评人选200余人。为选出具有群众性、先进性获评人员，采用"专家评审（分数占比70%）+网络投票（分数占比30%）"的方式进行评选。由县委宣传部牵头，县市场监管局、工信局等9个单位成立评选委员会，并在县级网络媒体刊登候选人事迹，发起网络投票活动，最终评选出两批共20名"新政和人"。其中，年龄30—50岁为15人，居住时间5—20年为12人。从事行业包括茶竹木业5人、餐饮旅游服务业3人、机械制造业3人、教育医疗业4人、公安消防业2人、农林矿业2人、金融业1人，涵盖外来人员从事的主要工作领域，以经济社会发展一线人员居多。

对获评的"新政和人"，政和县从政治、教育、医疗等多方面给予更多倾斜，强化精准服务，解决"关键小事"，让他们的获得

▲ "新政和人"表彰仪式

感更足、幸福感更强。如提高政治待遇、解决子女教育问题、提供医疗福利和金融支持。

榜样的力量是无穷的。政和县大力开展"新政和人"典型网上宣传，传递榜样力量，通过一群人带动一批人，凝聚起见贤思齐、向上向善的精神力量。策划推出"六个一"系列宣传活动，即举办一场表彰仪式、拍摄一组宣传短视频、开展一系列新闻宣传、制作一组个人海报、创作一首主题歌曲、手绘一组写生画作品，进行全方位、立体式、多角度的宣传和推送。同时，发挥融媒体矩阵作用，通过视频、新闻、推文等形式，推出《新政和人》专栏，持续扩大宣传影响面，以"新政和人"奋斗故事激发全县干事创业热情。评选活动还得到新华网、《福建日报》宣传等多家媒体报道，新华网的报道单条浏览量达 50 万，通过对外宣传积极展示了"新政和人"敢闯敢拼、团结奋斗的精气神。

（二）网络文明品牌活动广泛开展

■1. 福建省"十大网络文化品牌"评选活动

2022 年 11 月，福建省委网信办组织开展了福建省"十大网络文化品牌"评选活动。活动历时数月，在全省范围内推选有突出成绩和较大社会影响力的网络文化品牌活动。其形式涵盖重大主题网上宣传引导活动、各类网络主题活动、网络专栏等。活动开展以来，受到全省各地、各有关单位和网络媒体的积极响应，经过相关领域专家的多轮评选，在 30 多件参评活动中，海丝国际茶文化论坛、《书香声自远》融媒体读书分享节目、网络专栏《引以为"榕"》、厦门

▲在福建省网络文化节上举行了福建省"十大网络文化品牌"颁奖仪式

市青少年网络文明素养大赛、"聚焦千百亿产业·聚力现代化漳州"系列网络主题宣传活动、"印象泉州"网络文化展播活动、三明网信大讲堂、《节气里读中国》系列短视频、"双百"网上主题宣传活动、"山海交响·魅力宁德"系列网络主题宣传活动等10个品牌活动入选2022年福建省"十大网络文化品牌"。

在各地网信办指导下,全省网络媒体充分挖掘福建文化内涵,在弘扬社会主义核心价值观、传播中华优秀传统文化和讲好福建故事、助力福建新发展方面,创作出许多正能量充沛、主旋律高昂的网络文化作品。各地创新开展了一系列形式新颖、内容丰富的网络文化活动,网上正面宣传浓墨重彩,线上线下活动亮点纷呈,网民喜闻乐见、各具特色的网络文化活动生动涌现。

此次获奖的网络文化品牌活动影响广泛。例如,由福建日报社主办的"海丝国际茶文化论坛"已连续举办三届,国际元素十足,每年吸引数十个国家的驻华使节、国际友人、海外华侨参加,通过线上线下有力传播"福茶"文化,以茶为媒打开文化"出海"窗口,构筑了海丝国际文化交流合作的新桥梁,对外传播效果显著,成为"福"文化的重要展示窗口和福建重要外宣品牌之一。

■2. 福建省"十大网络公益项目"评选活动

为深入贯彻落实中央和省委关于"发展慈善等社会公益事业"的要求,进一步加强网络文明建设、推动网络公益事业发展,2022年10月,福建省委网信办组织开展了福建省"十大网络公益项目"评选活动,向全省网信系统、工青妇、省级主要新闻网站和商业网站征集优秀项目,经各地各有关单位(企业)推荐,共有22个网络公益项目参评。经过来自公益慈善主管部门、工青妇、新闻网站、商业网站、自媒体等方面专家对参评网络公益项目的多轮评审，"母亲健康1+1"救助罹患"两癌"困难妇女公益项目、八闽工匠学堂、天下妈祖网、一键报贫、"我和我的村"公益宣传、福州市网络家长学校、"共筑爱心，网信同行"系列网络公益活动、"我的长辈"网络公益、数字"印漳"赋能乡村振兴网络公益帮扶项目、"网聚能量"公益行动等10个项目获得2022年度福建省"十大网络公益项目"称号。

▲福建省"十大网络公益项目"颁奖仪式

此次评选出的公益慈善事业项目均运用网络化、数字化技术，数字赋能成为亮点。如："母亲健康1+1"救助罹患"两癌"困难妇女公益项目以网上宣传、网上劝募、网上求助、网上监管方式开展，自2011年起，累计募得资金9603万元，救助罹患"两癌"的困难妇女1.9万名；"八闽工匠学堂"通过构建统一数字身份、数字资源、数字管理为一体，打造集公共性、公益性、开放性、综合性的数字职业技能培训平台，满足企业和职工的数字技能需求，截至2023年5月，平台总课程数达724个，总上架班级共411个，累计覆盖学习人数124484人；福建贫困农户可通过"一键报贫"信息平台、扶贫服务热线电话进行自愿申报，结合每月乡村干部的走访排查、相关部门专项筛查等动态监测方式，福建对监测对象实行单列管理，分户建档、单独造册，录入全国扶贫开发信息系统进行在线管理，并推动职能部门数据共享……可以说，数字化赋能公益慈善事业已成发展趋势，为公益慈善事业注入蓬勃的活力。通过评选福建省"十大网络公益项目"，引导组织广大网民、网信企业、网络社会组织投身网络公益实践，弘扬中华民族乐善好施、守望相助等传统美德，也为奋进新时代、建功新征程提供了强大的精神动力。

■3.2022年度十大"福建好网民"评选活动

为进一步发挥广大网民在凝聚网上正能量、积极参与清朗网络空间建设中的重要作用，切实让互联网成为同群众交流沟通的新平台，成为了解群众、贴近群众、为群众排忧解难的新途径，福建省委网信办、省委文明办、省教育厅、省总工会、团省委、省妇联、人民银行福州中心支行共同举办了2022年度"福建好网民"评选活动。

▲ 2022年度十大"福建好网民"颁奖仪式

2022年10月中旬，福建省委网信办等六部门共同制定《关于2022年度"福建好网民"评选活动工作方案》并下发通知，从规范性、影响力、传播力、服务性等四个方面入手，明确了评选原则、评选范畴和标准，并向全省网信系统、文明系统、教育系统、工会系统、青年系统、妇女系统、金融系统下发通知进行征集，经各地各单位推荐，共收到来自各地市以及省教育厅、团省委、省妇联上报的24位候选人材料。

2022年12月上旬，由福建省委网信办牵头召集，来自省委文明办、省教育厅、省总工会、团省委、省妇联、中国人民银行福州中心支行等部门的 6 名专家共同召开评审会，对 24 位候选人实施评审，潘战和等 10 人被评为 2022 年度十大"福建好网民"。

通过此次评选活动，树立了一批典型榜样，进一步提升了其公信力、影响力，发挥其典型示范带动作用，推动了网上群众路线进一步走深走实。

图书在版编目(CIP)数据

网络文明　福润八闽/本书编委会编.—福州:海峡文艺出版社,2023.7
ISBN 978-7-5550-3347-9

Ⅰ.①网… Ⅱ.①本… Ⅲ.①互联网络—精神文明建设—福建 Ⅳ.①D64

中国国家版本馆CIP数据核字(2023)第106100号

网络文明　福润八闽

本书编委会　编

出 版 人	林滨
责任编辑	何莉　莫茜
出版发行	海峡文艺出版社
经　　销	福建新华发行(集团)有限责任公司
社　　址	福州市东水路76号14层
发 行 部	0591—87536797
印　　刷	福建新华联合印务集团有限公司
厂　　址	福州市晋安区福兴大道42号
开　　本	720毫米×1010毫米　1/16
字　　数	220千字
印　　张	15
版　　次	2023年7月第1版
印　　次	2023年7月第1次印刷
书　　号	ISBN 978-7-5550-3347-9
定　　价	80.00元

如发现印装质量问题,请寄承印厂调换